「京都」の誕生

武士が造った戦乱の都

桃崎有一郎

文春新書

1257

はじめに――平安京が「京都」に転生する時

「平安京はいつ生まれたのか？」と問われれば、日本人の大多数は、たちどころに「鳴くよ（七九四年）ウグイス平安京」と答えるだろう。では、「京都はいつ生まれたのか？」と問われたらどうか。日本人の大多数は戸惑うだろう。平安京が生まれた時が京都の生まれた時ではないのか、と。そんな問いがあり得るなど、想像の外にあったのではないか。

そこが本書の出発点だ。平安京と京都は違う。読者諸氏は不思議に思われるかもしれないが、次のようにいえば納得して頂けると思う。かなりの数の読者諸氏が、修学旅行や個人旅行で、京都に旅したことがあるだろう。では、京都で訪れた観光地の数々を思い出して頂きたい。神社仏閣なら、清水寺・金閣寺・銀閣寺・上賀茂神社・下鴨神社・知恩院《ちおんいん》・三十三間堂・北野天満宮・平等院鳳凰堂《びょうどういんほうおうどう》などがメジャーだ。風情のある繁華街なら、祇園《ぎおん》の花街、先斗町《ぽんとちょう》の飲食店街、鴨川の河川敷、嵐山なども観光名所だろう。

実は、右に挙げた京都の観光名所は、一つも平安京の中にない。最もメジャーな観光名所で平安京の中にあるのは、東寺くらいだ（京都御所さえ、平安京からはみ出している）。観光客は京都駅での乗り降り以外、一歩も平安京の土地を踏まないことさえある。

京都は、平安京の外に広がる、新しい開発地を含めた都市だ。それが今や主客転倒して、平安京の外の方が〈我々こそ伝統的な「都」です〉という顔をしている。平安京らしさといえば、誰もが歴史の授業で習った〝碁盤の目〟の土地区画（同じ大きさの正方形の集まり）だが、思い出して頂きたい。右に挙げた観光地を歩いた時、道路や土地の区画がちっとも〝碁盤の目〟状でなかったことを。〝京都らしい〟観光地は、全く平安京らしくない。

神社仏閣は〝京都らしさ〟の最たるものだが、右の通り、著名な神社仏閣の大部分は、平安京の中にない。なぜか。実は、〈平安京内に寺の類を造ってはならない〉というルールがあったからだ。近年、京都が世界遺産に選ばれた理由は神社仏閣の景観（構成要素一七件のうち、二条城以外はすべて寺社、うち一三件が寺）だったというのにまさか、と思うかもしれないが本当だ。いや、東寺は最初から平安京の中にあったはずだ、と感づいた読者もあろう。それに、今、平安京の領域内だった場所に、寺はいくつもあるではないか、と。しかし、東寺は特例で、最初から平安京の一部だった（八五頁）。ほかの寺はすべて江戸時代頃に入ってきた新参者か、「うちは寺ではない」といい張るトリックで京中にある（九〇頁）。古代・中世には、東寺（と対《つい》の西寺《さいじ》）以外、平安京内に寺はない。

この〈寺が存在しない〉ことこそ〝平安京らしさ〟であって、〈京都観光≒寺の拝観〉

といえるような〝京都らしさ〟とは完全に矛盾する。京都は、平安京という立地にも、平安京の設計思想にも囚《とら》われていない。平安京の名前だけが「京都」と変わったのでもないし、平安京が何となく拡大して「京都」になったのでもない。平安京の周りに、全く異質な都市域が開発されてゆき、不要な部分を切り捨てた古い平安京と接続されて、全体で新しい機能を果たすようになった。その全体が「京都」だ。平安京は、「京都」に求められた機能を果たせない。そうした平安京の機能不全に人々が見切りをつけた時こそ、「京都」を生み出そうという動機が高まった時だ。実は、〝その時〟は特定できる。では、いつから、なぜ、あの街を皆が「京都」と呼ぶようになったのか。それが本書のテーマである。

平安京は、全体を活用されたことがない（旧著『平安京はいらなかった』参照）。湿地帯の右京（西半分）や、低地で水害に弱い南部は宅地として好まれず、そもそも居住者が確保できないので、設計図通り開発されもしなかった。学校の教科書に載っている〝平安京図〟は歴史上実在せず、桓武《かんむ》天皇の妄想だった。頑張って入居した人々も右京や南部から次々と去り、左京の四条より北、つまり平安京の東半分の北半分に人口が集中した。

その左京に、外部の新興開発地が接合されてゆく。その代表格は、平安京の南の郊外の政権中枢「鳥羽《とば》」、鴨川の対岸（東側）の寺院街「白河《しらかわ》」、白河の南の武士居住区「六波《ろくは》羅《ら》」だ。それらが継ぎ足されて造られてゆく「京都」という都市が、本書の主人公である。

都市は、それを造ろうという強い意志があって初めて生まれ、造った人の立場や理念を強く反映する。したがって、「京都」誕生のプロセスを追うことは、誰が、なぜ平安京を「京都」に転生させようとしたのかを、追究するに等しい。中でも重要なのが、鳥羽・白河地域を造りあげた白河法皇・鳥羽法皇と、六波羅をゼロから武士の一大居住区に造りあげた平家の三代（正盛《まさもり》・忠盛《ただもり》・清盛《きよもり》）である。

「京都」は、院政と平家なくして絶対に生まれなかった。特に、平家の台頭から清盛の強大な権力の完成までの過程は、「京都」の誕生から最初の完成までの過程と、完全に軌を一にしている。そして、平家は武士だ。すると、論理的必然として、重要な結論が出る。都に武士が登場し、都で権力の頂点を極めるまでのプロセスそのものが、「京都」の誕生から完成までのプロセスの一部であり、不可欠の要素である、と。

武士、特に関東にあった鎌倉幕府や江戸幕府が京都に果たした役割は、京都ではほぼ語られないし、極論すれば〝京都を荒らしに来て去っただけの野蛮な外来者〟くらいに思われている。観光地やマスコミが流す京都のイメージでは、京都に暮らしてきた天皇は常に善人で、武士はしばしば叩かれるか無視される。鎌倉幕府は承久の乱で天皇一家と戦争し、天皇を廃位して三人の上皇を島流しにした。江戸幕府も天皇を抑圧した。天皇なくして成り立たない京都で、そのような幕府が嫌われるのも無理はない。しかし、それは単なる郷土愛であり、コマーシャルにすぎないのであって、事実や真実とはあまり関係がない。

京都に武士がどう関わってきたか、というテーマを扱った本は山ほどある。しかし、武士こそが「京都」を造った主役の一人だ、と強調する点が、本書のオリジナリティである。そして、武士の誕生は、「京都」の誕生より早い。そこで本書はまず、武士が平安京をどう利用し、逆に平安京がどう武士を利用してきたか、という話から始めたい。そして、京都は、武士の時代の本格的到来、つまり源平合戦とその直前期の数年間で壊滅する。鎌倉時代の京都は、その壊滅からどう復興するか、という課題とともに始まるわけだが、その壊滅までにどこまで京都が発展したのか。本書は、それに至る道のりを追跡したい。

読者諸氏には、本書を手に執って、もう一度京都を訪れて頂きたい。京都駅に降り立った瞬間から、八〇〇〜九〇〇年ほどの時間を超えて「京都」誕生の過程を追憶できるように、そして断片的に点在する観光名所を一つの面として、一つのストーリーとして体感できるように、私は本書を意識して書いてみた。同じ観光地が全く別の景色に見え、風情とは無縁のあの新幹線のプラットホームにさえ、感慨を抱いて頂けたら嬉しい。

「京都」の誕生　武士が造った戦乱の都◎目次

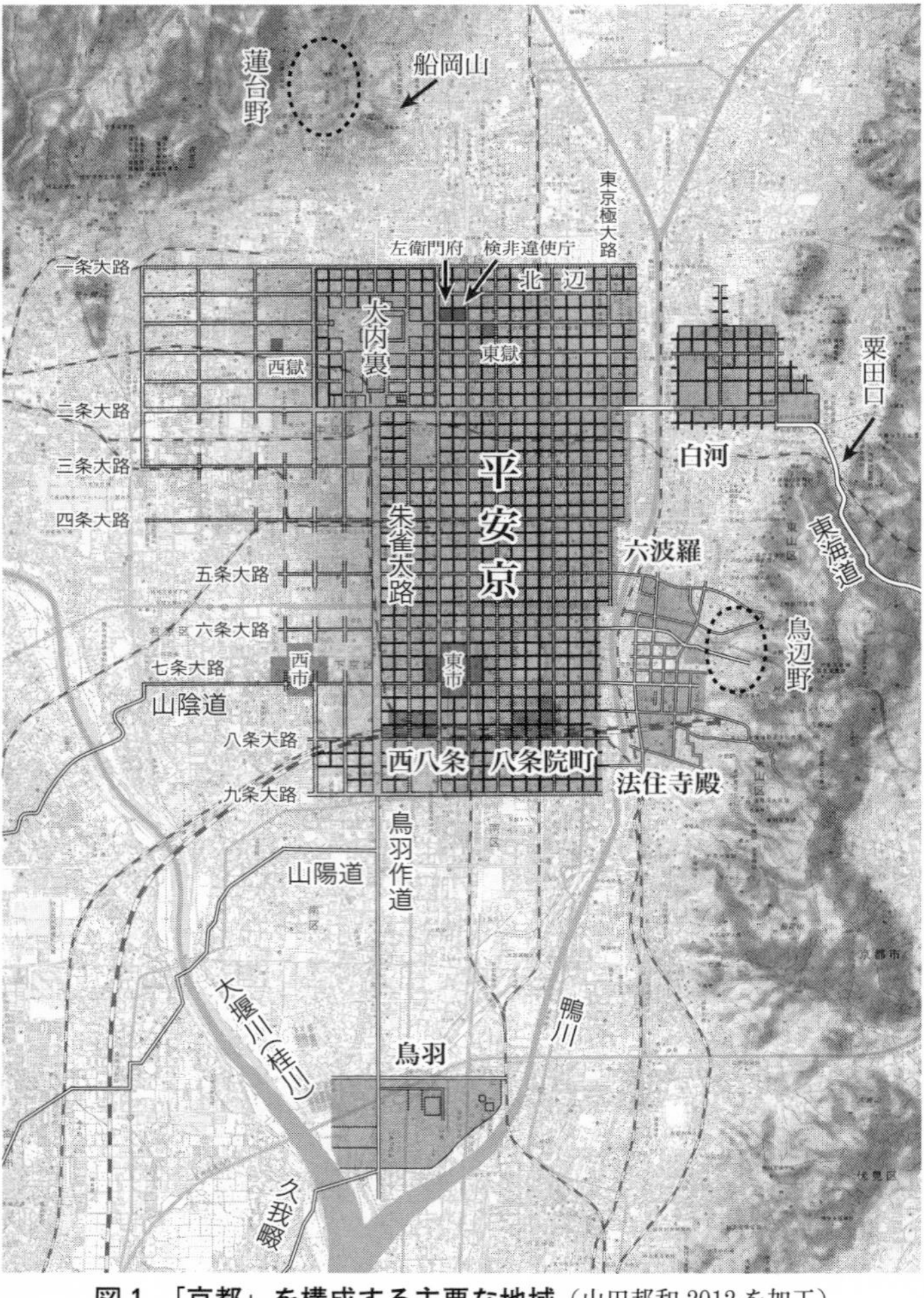

図1　「京都」を構成する主要な地域（山田邦和 2012 を加工）

第一章　武士に依存する平安京と朝廷の治安

――「獄門」と凱旋パレードの成立

京の治安を守る役所——京職・弾正台・衛府

平安京が文字通り「平安」だった時は、ほぼない。平安京に都が遷《うつ》って半世紀ほどで、「群盗《ぐんとう》」という凶悪な盗賊団が都と地方社会に溢《あふ》れたからだ。その間の詳細は、『武士の起源を解きあかす』（参考文献参照）という本で書いたので、そちらを参照されたい。

朝廷には、京の治安維持を担う役所が三つあった。京職《きょうしき》と、弾正台《だんじょうだい》と、衛府《えふ》である。京職は、京内の住人の生活万般を監督し、左京担当の左京職《さきょうしき》と右京担当の右京職《うきょうしき》があった。平安遷都から七年後の延暦《えんりゃく》二〇年（八〇一）、桓武天皇は兵士四八〇人を左右京職に配置した（『類聚三代格』一八）。兵士は二〇人を一班として二四班に分かれ、各班は年に一度、一五日間出勤して、天皇の外出時は宮中・京中で先駆《さきがけ》（先行して人や障碍《しょうがい》物を払う役）を勤め、平常時には宮中各所の警備を勤めた。平安時代初期を過ぎると、彼らの業務は風紀粛正へと傾斜し、市街地の破壊（水路の勝手な付け替えなど）や汚損、また清掃義務を怠る役所・役人・住民の取り締まりが主な仕事になった。

その京職を、弾正台が監督した。弾正台は、貴人や役人の法規違反や風紀紊乱《びんらん》を弾劾する役所である。平安初期から、弾正台は京職の京中巡検に同行し、九世紀半ば過ぎからは、京職が一〇日ごとに騎馬で巡検、弾正台が隔月に一度巡検する制度が定まった（『類聚三代格』一六)。承和《じょうわ》一〇年(八四三)には、住人の法令違反は京職の監督不行き届きのせいだとして、弾正台が巡検中に京職の職員を「勘当《かんどう》(叱責)」している(『続日本後紀』)。

しかし、京職も弾正台も、群盗という凶悪犯には対応できない。どちらも戦闘を前提とする警察機関ではないからだ。しかも、群盗は騎射《きしゃ》術の使い手で、生半可な相手ではなかった。騎射は、馬上から弓で矢を射る技術である。それは日々の暮らしで精一杯の農民が習得できる代物ではなく、領主階級(消費者にして支配者)だけが、膨大な時間と費用をかけて習得・維持できる特権階級の技芸、そして鉄砲伝来以前で最強の超高度な武芸だった。それを、出世競争に敗れた中央貴族の末端や、地方社会のまとめ役である郡司《ぐんじ》富豪層(世襲の末端地方官の一族や有力な農民)が身につけ、生きる(弱小の同類や百姓から収奪する)ために活用していた。彼らの中には、中央貴族の従者となって虎の威を借る狐のように威張りくさる者もいたが、自立して強盗団となる者もあり、後者が群盗だった。

この群盗に対処するのは、同じ武闘派の衛府の仕事だった。衛府は武官が勤める役所の総称で、平安初期の嵯峨《さが》天皇の時に近衛府《このえふ》・衛門府《えもんふ》・兵衛府《ひょうえふ》(それぞれ左右二つずつ)が出揃って、「六衛府《ろくえふ》」といわれた。近衛府は宮中の門などの警備や天皇の外出の護衛を担当し、衛門府は京中の門の警備を担当し、兵衛府は宮中の建物を警備する兵衛の管理・監督や、天皇が宮中を出入りする時の護衛を担当した。

京では、夜を住民に報《しら》せる「夜の鼓《こ》」が鳴り終わってから、朝を報せる「暁《あかつき》の鼓」が鳴るまでの夜間、外出が禁じられていた（『養老令』宮衛令）。その夜間に、衛府が「夜行《やぎよう》（行夜《ぎようや》）」という巡回警邏《けいら》（パトロール）をした。京中の街路を巡検し、違反者を尋問し、やむを得ない事情（訃報を告げる急使、病人のために医師や薬を求める場合など）でなければ拘束した。

機能しない衛府の夜行——低品質の実働部隊

京中の盗賊の捜索も衛府の仕事で、遅くとも承和四年（八三七）には、その活動が確認できる（『続日本後紀』）。翌年の承和五年に地方社会で本格的な〝群盗の時代〟が到来し、さらに二年後の承和七年から京も群盗の襲撃に見舞われ始めると、衛府の仕事の重点は夜行や盗賊捜索などになり、制度の補強や励行を命じる法令が何度となく出された。

しかし、群盗の取り締まりは進展しなかった。嘉祥《かしよう》三年（八五〇）や斉衡《さいこう》二年（八五五）には、「盗賊が集団化し、夜間に放火したり白昼に人を襲う」「京に盗賊が多く、人の物を掠奪《りやくだつ》している」などと記録されている（『続日本後紀』『文徳天皇実録』）。群盗は次第に力を増し、そして広域化していた。それに対応して、衛府が行う捜索の範囲は五畿内《ごきない》（京がある山城国《やましろのくに》と周辺の大和《やまと》・摂津《つ》・河内《こうち》・和泉《いずみ》）に広がり、宮中（天皇の宮殿がある大内裏《だいだいり》の敷地内）も対象になった。群盗は天皇の隣にさえ潜んでいたのである。

群盗捜索の担当者も増強され、この頃から馬寮《まりょう》という、朝廷の馬を管理する役所が参加した。彼らは武官でなく戦闘要員ではないが、衛府の武官が乗る馬を提供・管理させられたのだろう。馬が必要なのは、追跡される群盗も馬を駆使して機動力が高かったからだ。

こうした増強にもかかわらず、夜行は期待通り機能しなかった。その理由は、貞観《じょうがん》一八年（八七六）に出された警戒令からわかる。その命令は、「左右近衛府・左右兵衛府の中から「勇猛な精鋭」を選んで京内夜行にあたらせよ」と定めていた（『三代実録』）。朝廷が群盗問題の対処で衛府の精鋭を選抜したのは初めてで、それはつまり、衛府の平均的な職員では群盗に太刀打ちできないことを意味した。理由は、彼らの質が低すぎたからだ。

衛府の組織内部は、上級職の「官人《かんにん》」と、それに率いられる「舎人《とねり》」に分かれる。官人は、近衛府では長官の大将、次官の中将・少将、第三等官の将監《しょうげん》、第四等官の将曹《しょうそう》から成る。兵衛府や衛門府では長官の督《かみ》、次官の佐《すけ》、第三等官の尉《じょう》、第四等官の志《さかん》が「官人」に該当した。それらの官人には、京出身の貴族階級に連なる人々が就任した。

それに対して、舎人は地方出身の郡司富豪層から調達された実働部隊で、近衛府所属の舎人を「近衛」、兵衛府所属の舎人を「兵衛」といった。というより、近衛・兵衛という舎人を統轄するのが近衛府・兵衛府だ、と考えた方がよい。そして近衛府の近衛は六〇〇人、兵衛府の兵衛は四〇〇人も在籍していた(『延喜式』左右近衛府、左右兵衛府)。

彼らは皆、弓馬術の使い手から採用され、強力な警察力になったはずだが、現実には全くの役立たずだった。まず何より、存在するはずの彼らが、実は存在しなかった。驚くべきことに、大部分が勤務実態のない幽霊職員だったのだ。貞観一三年(八七一)、京の盗賊が目に余るとして集中的に夜行を行った時、従事したのは官人を含めてわずか一〇人だった。七年後の元慶《がんぎょう》二年(八七八)に、群盗の大攻勢に対して夜行が行われた時も、官人を含めてわずか二〇人だった。群盗に対処するには、衛府の実働部隊はあまりに少なすぎた。質も酷《ひど》い。舎人たちは、その職に就くと得られる免税特権だけを満喫し、京に上りもせず、地方で乱暴狼藉を重ね、何と「群盗と同じ社会の害虫だ」と非難されていた。舎人は使い物にならないどころか、群盗の同類として社会を荒らす側にあったのだ。

こうした衛府が頼りにならないなら、京の住人の自警制度を使おう、という案も出た。京では隣り合う五つの「戸《こ》(家)」を「保《ほう》」に編成し、生活や治安を保《まも》らせた。保では一人の長（保長《ほうちょう》）のもと、互いに監視して法規違反を防がせ、外来者や外出者を把握し、戸が逃亡した場合は連帯責任で同じ保の戸が追跡させられた（『養老令』戸令）。ところが、保に組み込まれる義務がない王臣家《おうしんけ》（皇族や貴族）が民と混ざって雑居し、組織的な自警を阻害していた。貞観四年（八六二）には彼らを保に参加させる法が定められたが（『三代実録』）、罰則規定がないため、誰も守らなかった。

昌泰《しょうたい》二年（八九九）にはその罰則が定められたが（『類聚三代格』一二〇）、無意味だった。わが国の律令（法律）は皇族や貴族に徹底して甘く、王臣家やその子孫は、ほぼ何をしても死刑にならず、処罰さえ受けない免罪特権を持っていたからだ。そこで彼らとその手先は、好き放題に法を破った。彼らは朝廷の一部、しかも最上層の貴人でありながら、朝廷（政府）や天皇が手出しできない、事実上の治外法権のような勢力を都で形成していた。この、朝廷の法が届かない私的な権門がモザイク状に入り乱れる形こそ、中世京都の基本的な形の源流である。その意味で、京は天皇のものであって、天皇のものでなかった。

最後の希望としての検非違使

衛府も自警も期待できない中、唯一の希望は検非違使《けびいし》だった。

検非違使は、九世紀初頭頃に嵯峨天皇が設置した京の警察である。検非違使は令外官《りょうげのかん》(『養老令』に規定がない新設の官司)といわれるが、厳密には官職ではない。単独で検非違使である者はなく、左右衛門府の官人に検非違使という属性を付加する形で存在した。

検非違使の職務は、「京中の非違《ひい》(違法行為)を巡検」することである。犯罪者を捕らえて投獄し、犯罪事実を究明し、判決まで下す、いわば警察・検察・裁判所を兼ねた機関だった。その役割は既存の役所と重複するが、京職の風紀粛正は、京の民政全般の中で片手間に行われるにすぎず、また弾正台の仕事は、京職を含む役所・廷臣の監察・弾劾であって、京を直接取り締まることではない。また京職も弾正台も文官なので、武装した群盗には対処できない。そして武官である近衛府や兵衛府は、無力で群盗に対処できない。

そこで期待されたのが検非違使だった。そのことは、検非違使になるのが左右衛門府の官人に限られたことと関わる。実は、衛門府だけは、近衛府・兵衛府と違って官人しかおらず、舎人がいない。勤労意欲も順法精神も皆無に近い役立たずを抱え込んでいない、ということだ。しかも検非違使は、犯人追捕《ついぶ》(犯罪者の追跡と逮捕)や処罰(律という刑法の知識)の専門的技能が高い者だけを選抜した精鋭だった。南北朝時代の末期(一四世紀末)まで、まがりなりにも検非違使が京都の行政を担えたのは、この精鋭主義のおかげだ。

貞観六年（八六四）、朝廷は、左右検非違使の勤務地を、左右衛門府から東西の市司《いちのつかさ》の敷地に改めた（『政事要略』六一）。市司は、東市《ひがしのいち》と西市《にしのいち》という公設市場を監督する役所だ。その市に犯罪取り締まり機関が移されたのは、市が犯罪と処罰の現場だからである。商品と貨幣が山のように集まる場所が犯罪の温床になりやすいことは、想像に難くない。しかも、天長《てんちょう》八年（八三一）に、殺人事件に加担した女性を、西市で棒叩き六〇回の刑に処した記録がある（『類聚国史』八七）。市で処罰すれば、京の住人の大多数に見物させられ、犯罪抑止に好都合だからだろう。検非違使の事務所が市に移されたのは、体罰で済む軽微な刑を即座に執行することで、業務の処理速度を上げるためだったのだろう。

市では、販売者が毎月「沽価《こか》（定価）」を定め、京職に提出して許可印をもらい、その値段で売る。その沽価を破り、不当に安く買ったり高く売ったりする者は、その場で逮捕・処断された（『延喜式』東市司）。それは市司の業務だったが、検非違使が担った方が話が早い。ならば検非違使に市司を兼任させてしまおう、という話になり、天暦《てんりやく》二年（九四八）四月、検非違使が市の権正《ごんのかみ》（市司の定員外の長官）を兼ねた（『貞信公記』）。平安時代の中期までに、京の治安維持は、検非違使への依存度を急速に高めていった。

圧倒的多数の群盗に少数精鋭の検非違使が屈する

犯人追捕に特化した検非違使は、京中の群盗をある程度まで減らした。しかし、それは問題の解決にならなかった。九世紀末頃までに、群盗は「近京《きんきょう》」「城辺《じょうへん》」と呼ばれる京近郊の地、特に淀《よど》川の山崎・与渡《よど》（淀）や、大堰《おおい》川（桂《かつら》川）の大井などの、「津《つ》（港）」に拠点を構えて、検非違使の捜査を回避していた。群盗は、拠点を京都に近い郊外（京郊）へと移しただけだったのだ。しかも新たな拠点は、京に隣接する河川を、京から少しだけ下った場所にある港で、京へのアクセスが極めてよく、群盗は機動的に京を襲った（下流に拠点を設けたのは、襲撃そのものより、襲撃後の逃亡を容易にするためだろう）。そこで検非違使の捜査範囲もそれらの港まで拡大されたが、貞観一六年（八七四）一二月、検非違使は「目撃した群盗を見過ごさず取り締まる」と約束する文書を書かされている（『三代実録』）。この頃、検非違使の勤務意欲は低下し、群盗に見て見ぬふりをしていたのだ。

翌年に『左右検非違使式《さゆうけびいしき》』が定められ、律令に規定がない検非違使の業務の細則が、初めて包括的に制定されたのは、この検非違使の意欲低下を引き締めるためだろう。恐らく、本来なら京だけを管轄したはずの検非違使にとって、山崎・与渡・大井などにまで広がった管轄範囲が広すぎ、対応できなくなって勤務意欲が低下していたのである。

宇多《うだ》天皇の寛平《かんぴょう》六年（八九四）、朝廷は従来専用の庁舎を持たなかった検非違使に左・右検非違使庁という庁舎を定め、そこで毎日業務させた（『政事要略』六一）。庁舎は左衛門府と右衛門府の敷地内にあった。獄がある衛門府で集中的に裁判を行って迅速化する必要に迫られたのだろう。ところが、翌年になってもこの命令は実行されておらず、速やかな実行が命じられた。検非違使の業務が忙しすぎ、引っ越しどころではなかったのだろう。

その寛平六年、一〇日ごとに大井・与渡・山崎・大津まで出張して「非違を巡察せよ」と、検非違使が命じられた（『政事要略』六一）。一九年前の『左右検非違使式』とほぼ同内容だが、捜索範囲に、東の隣国近江《おうみ》の、琵琶湖畔にある大津が初めて入った。次の醍醐《だいご》天皇の代にも、昌泰二年（八九九）には「京畿《けいき》に群盗蜂起」、延長《えんちょう》九年（九三一）には「近日群盗京に満ち、人の物を掠《かす》む」といった調子で（『日本紀略』『扶桑略記』）、群盗は減らなかった。

京へ〝通勤〟する群盗、パンクする検非違使

検非違使も努力はした。延喜《えんぎ》四年（九〇四）には検非違使が群盗を捕らえて賞され、承《じょう》平《へい》元年（九三一）一二月には、藤原菅根《すがね》という儒学者の旧宅に立て籠もった群盗を検非違

使・衛府が包囲し、投降させた（『西宮記』臨時五、『貞信公記』）。二年後の承平三年（九三三）には、朝廷は改めて、衛門府・兵衛府・馬寮に輪番制で毎晩夜行させる制度を定めた（『日本紀略』）。しかし、それらの努力も焼け石に水で、根絶にはほど遠かった。

それは結局、少数精鋭の検非違使より、犯罪者の数が圧倒的に多かったからだ。康保《こうほう》元年（九六四）に、検非違使の定員の歴史を振り返った記録がある（『西宮記』臨時一裏書）。それによると、寛平七年（八九五）には左右合わせて佐《すけ》が四人、尉《じよう》が四人、府生《ふしよう》（下級職員）が二人で、左右の別当（長官）二人と合わせて一二人。天慶《てんぎよう》三年（九四〇）には尉を一〇人、志《さかん》を六人、府生を八人に増やして合計三〇人、天慶九年には志が二人減らされて合計二八人だった。京の警察・検察・刑事裁判をすべて担うには、あまりに少ない。

天慶二年（九三九）四月、京を襲った盗賊の捜索で、検非違使が山崎・与渡（淀）に加えて会坂《おうさか》・竜花越《りゆうげごえ》・大枝山《おおえやま》にも派遣された（『本朝世紀』）。会坂は古代の三関《さんげん》（東から畿内への襲撃を防ぐ三つの関）の一つ逢坂関《おうさかのせき》があった場所で、近江である。竜花越（竜華越）も山城と近江を結ぶ国境の峠、大枝山（大江山）は山城から西へ丹波《たんば》に抜ける老《おい》の坂《さか》峠である。その後、安和《あんな》元年（九六八）に「京辺の東西山野」で、天延《てんえん》四年（九七六）に「西京の辺土」で、盗賊が捜索された記録がある（『日本紀略』）。もはや群盗は、西の丹波方面から東の近江方面まで、京を遠巻きに包囲して、国境地帯の山野に広く散在して隠れ住み、山賊として暮らしつつ、適宜、京に出て強盗を働く形で〝通勤〟していたのである。

　こうして拡大と分散を続ける群盗に対して、検非違使の処理能力はパンクしていた。天暦《てんりゃく》元年（九四七）にそれが問題視された時には、囚人が多すぎて判決が遅れ、判決待ちの囚人が獄舎に満ち溢《あふ》れ、囚人も粗末な獄舎で飢えと寒さに負け、判決以前に死ぬ者まで出る始末だった。そうした判決遅滞の原因は、裁判官である検非違使が尋問・調査のため左右の衛門府を何度も往復する時間的ロスがあるからだ、と朝廷は結論づけた。かくして、左右に分かれていた検非違使庁は、一つに統合されることになった（『政事要略』六一）。

　しかし、犯罪者の増加スピードの方が速かった。翌年の天暦二年には、早くも「強盗、京中に横行」という状況となり、強盗が右近衛府を襲って物品を奪い去った。さらに、一〇年後の天徳《てんとく》二年（九五八）には盗賊団が右獄（右衛門府の獄。一〇頁図1参照）を襲撃して囚人九人を逃がした（『日本紀略』）。もはや朝廷は、取り締まる側から襲撃される側になっていた。二年後に「近来京中に盗起《とう》こる」といわれたように、群盗問題は急速に悪化していた（『西宮記』臨時一〇）。二〇年ほども後の天元《てんげん》五年（九八二）になっても、「群盗、巷《ちまた》に盈《み》ちて殺害連日なり」と記録され、殺人も辞さない群盗の脅威に都人《みやこびと》が連日怯え暮らしていた。それを記録した廷臣の藤原実資《さねすけ》は、日記『小右記《しょうゆうき》』で「検非違使等、職掌を勤めざるの致す所なり（検非違使たちの怠慢だ）」と責めたが、それは酷だ。絶対数が足りない検非違使に勝ち目はなく、勤務意欲など保てようはずがない。

もはやお手上げだった。朝廷制度の中には、群盗に対峙できる武力がもうない。しかし、最後の望みが制度の外にあった。それが、九世紀末頃に現れてきた武士である。

武士の登場——地方で生まれた最終兵器

武士は、地方社会に自生してきた屈強の戦士である。武士の内実は、地方に下った貴族層の末端である王臣子孫《おうしんしそん》と、地方社会のまとめ役だった郡司富豪層と、武人輩出氏族（高度な武芸を家業としてきた古代氏族）が、婚姻によって融合した、武人的領主の集団だ。彼らは王臣子孫を表に立てて、その尊い身分（に伴う特権や中央とのパイプ）を活かした。郡司富豪層と武人輩出氏族は、王臣子孫に娘を提供して女系から融合し、一族丸ごと家人《けにん》（従者）に納まって運命共同体となりつつ、地方での支配力・人的ネットワークと、武芸の職能を提供した。王臣子孫と武人輩出氏族は京から地方へと流れた人々だが、郡司富豪層は完全に地方の人間だった。武士は京と地方の混血種《ハイブリッド》であり、地方という土壌に都から王臣子孫の血統が降り注いで生まれたものである（『武士の起源を解きあかす』）。

その武士が、京の朝廷に把握された直接の契機も、群盗問題だった。九世紀末の宇多天皇の時、群盗問題の悪化は頂点に達していた。寛平《かんぴょう》元年（八八九）、東国《とうごく》で物部氏永《もののべのうじなが》という大勢力の群盗の首領が蜂起し、信濃《しなの》・上野《こうずけ》・甲斐《かい》・武蔵《むさし》を中心に東国を無政府状態に陥れ、一〇年以上も鎮圧できないという、史上最大の群盗蜂起が起こったのだ。これに対して宇多は、天皇直轄のスタッフ集団である蔵人所《くろうどどころ》を整備し、そこに「滝口武士《たきぐちのぶし》」を設置した。これこそ、右のように地方で自生した武人集団を、初めて「武士」という言葉で捉えた瞬間だった。群盗の脅威がピークに達した結果、宇多は真剣に京の防衛を考えたのだ。かくして武士が京に召集され、この時を皮切りに、一挙に京へと進出してゆく。

主な武士の誕生・成長の場である関東地方（東国や坂東《ばんどう》という）は、五世紀頃に馬や騎馬戦術が日本列島に渡来して以来、最も濃密に牧《まき》（軍馬の生産施設）が分布してきた地域だ。弓馬術を幼少期から体得するのに最高の環境で生まれ育った彼らは、滅法《めっぽう》強かった。その一人である藤原利仁《としひと》は、坂東の国司となって群盗退治に成果を挙げ、平将門《まさかど》に至っては武力で関東全域を制圧し、物部氏永の残党を含む坂東の群盗を一掃してしまった。

平将門対策としての宮城の防衛

群盗問題は解決に向かったが、そこから予想だにしない方向へと話が展開する。将門自身が、群盗より手強い朝廷の敵となってしまったのだ。天慶二年（九三九）の冬までに、将門は坂東を制圧し、朝廷から独立して「新皇《しんおう》」に即位し、新政府樹立を京に通告した。朝廷は史上空前の危機に直面し、京では大慌てで防衛態勢を構築せねばならなくなった。

翌天慶三年の正月、朝廷は初めて「宮城《きゅうじょう》十四門」に兵士を配置した（『貞信公記』）。宮城は大内裏《だいだいり》（天皇の住居と庁舎街）のことで、そこに出入りする門を宮城門といい、北と南に三つずつ、東と西に四つずつ、合計一四あった。その警備を固めた当時の朝廷の主導者だった摂政・藤原忠平《ただひら》は、天皇の宮殿が攻撃を受ける可能性を覚悟したのだ。

この宮城門は、本来「宮城十二門」といい、東面と西面の一番北にある上東門《じょうとうもん》・上西門《じょうさいもん》はもともと存在しなかった。その二つは、平安京と大内裏をかつて北に拡張した時に増設されたらしく、垣《かき》（築地《ついじ》。土製の塀）を切り開いただけの、扉もない粗末な土門だった。戦時にこれはまずいので、忠平は扉を付けさせ、宮城門すべての上に矢倉《やぐら》を設置した（『吾妻鏡』元久二年六月二二日条、『園太暦』貞和三年一二月二四日条）。矢倉は高所から遠方を偵察し、襲来する敵に矢を射て応戦する籠城の設備である。もっとも、東の将門の襲来はまだ先と考えられたらしく、兵士の数は門ごとにわずか二人だった（『貞信公記』）。

それに対して、西は危急を告げていた。忠平は、淀川沿いの山崎や、摂津の川尻《かわじり》（淀川の支流で大阪湾の大物浦《だいもつのうら》という港付近へ注ぐ神崎《かんざき》川の河口。今の兵庫県尼崎《あまがさき》市）、瀬戸内海の備後《びんご》の警備態勢を固めた。瀬戸内海で藤原純友《すみとも》が反乱を起こし、朝廷は二正面作戦を強いられて苦慮していたのだ。東の将門は騎馬軍団だったが、西国の反乱軍は海賊、つまり海の群盗だった。海賊は船を自由自在に操り、海や川があればどこにでも出現し、鎮圧を試みれば四散して姿を消す、神出鬼没の機動力を誇った。瀬戸内海から大阪湾に到達し、淀川を遡《さかのぼ》れば、すぐ京の近郊まで到達する。忠平が防備を急いだのは当然だった。

地方の群盗を一掃する武士、京の群盗に対処する滝口武士

天慶三年（九四〇）二月、将門は現地勢力の藤原秀郷《ひでさと》に討たれ、朝廷は全力を西に投入可能になった。一年あまりの激戦の末、天慶四年六月に純友は伊予で力尽きた。捕らえられ病死したとも討たれたともいうが、とにかく純友は京に入った時、首だけになっていた。

かくして前代未聞の危機が去り、坂東では副産物として、予期せぬ形で群盗問題が急速に解決した。先に述べた通り、将門が群盗を一掃した上、その将門まで淘汰されたからだ。

しかも、藤原秀郷に代表されるような、将門さえ斃《たお》すほどの強い武士が東国の国司になる機会が増えた結果、東国では群盗問題が特筆されなくなり、諸国でも鎮静化してゆく。

残された問題は、京の群盗だった。純友の死から一年後の天慶五年（九四二）六月、京では衛府が夜行せず、馬寮も馬を提供せず、励行を命じても効果がなく、またしても「近日京中の群盗、多く聞こゆ」と、群盗の横行を許していた。そこで朝廷は滝口武士を毎晩四人動員し、四つの衛府に一人ずつ付けて夜行させた（『本朝世紀』）。もちろん、そんな人数では武力の増強にならない。そもそも滝口は天皇の親衛隊なので、勤務場所も天皇の生活空間に近い内裏の内部であって、広い京中の巡回など、最初から滝口の職責ではなかった。滝口に期待された役割は、衛府の職務怠慢を防ぐ監視役だったと考えるほかない。

それでも、滝口は治安維持に直接貢献した。長和《ちょうわ》六年（一〇一七）正月に窃盗が天皇の居住区にまで侵入した時、滝口武士二人が弓で攻撃して身柄を確保した事例などは、まさに滝口武士の本領発揮、存在意義そのものだ（『日本紀略』）。また正暦《しょうりゃく》四年（九九三）一二月に、権《ごん》大納言藤原伊周《これちか》の家を窃盗が襲った時は、「滝口衆（武士）」の紀守親《きのもりちか》・中原某が弓で攻撃して賊を捕えた（『本朝世紀』）。これは明らかに京中の治安維持への貢献で、夜行の巡回中に犯罪現場に居合わせ、衛府が手こずったのを見て自ら制圧したのだろう。

武士という諸刃の剣——地金としての反社会性

もっとも、滝口武士は根が武士、つまり荒くれ者であるため、大きな欠点があった。それは、些細な理由で闘乱を起こし、殺人さえ辞さない武士独特の行動様式で、京の治安を乱したことだ。実は右の藤原伊周邸の窃盗事件でも、滝口武士の二人が口論していた。「射《しゃ》」に関する口論と記録にあるので、「どちらが先に矢を射たか／どちらが射た矢で犯人を制圧したか」という口論だろう。七年後の長保《ちょうほう》二年（一〇〇〇）には、滝口周防介《すおうのすけ》の惟宗行賢《これむねのゆきかた》が滝口藤原親光《ちかみつ》と闘乱し、追放・除籍《じょしゃく》（蔵人所職員の地位を剝奪）されている。

源満仲《みつなか》が「虫ナドヲ殺ス」ように気に喰わぬ者を殺し、その子の頼親《よりちか》が「殺人の上手」と揶揄されたように、武士は本質的に気が短く、闘争を好み、殺人を辞さない。彼らの強さは好戦的性質に根差すもので、それが反社会的な方向に働くことを誰も防げなかった。

滝口武士を退職した者の中には、盗賊に転身して逮捕・脱獄・再逮捕を繰り返す者があり（『西宮記』臨時一一裏書）、天喜《てんぎ》二年（一〇五四）には里内裏《さとだいり》（京中の臣下の邸宅を借りた天皇の仮住まい）の高陽院《かやのいん》に放火して全焼させる者まで出た（『百練抄』）。天皇を守るべき滝口武士には、辞めた途端に天皇に危害を及ぼす不埒者《ふらちもの》が紛れ込んでいたのである。中には、退職後まで待てない者もいた。寛和《かんな》二年（九八六）六月、伊勢斎宮《さいくう》（伊勢神宮に派遣される未婚の女性皇族)になって、一年間、京の郊外に設けた仮住まいの「野宮《ののみや》」で潔斎《けっさい》していた済子《なりこ》女王(醍醐天皇の孫)と、警護していた滝口平致光《むねみつ》が密通した(『日本紀略』『本朝世紀』)。彼は著名な武士・平致頼《むねより》の子だった(『十訓抄』五)。滝口の任務中にさえ武士は治安を乱す側に回ることがあり、しかも神事で潔斎中の女性皇族を平然と汚した。

武士を滝口に採用することは、武士の反社会性に蓋《ふた》をして付け焼き刃の社会性を与え、武力だけ利用するということだ。その鍍金《めっき》は油断するとすぐに剝《は》がれ、下から危うい地金が出る。武士を治安維持に利用することは諸刃の剣であり、一種の賭けだった。

武士に宮中・後院で武装する特権を与える

とはいえ、武士は、トラブルを起こすマイナス面を差し引いても、治安維持において唯一頼れるというプラス面が上回る、と結論されつつあった。その証拠に、円融《えんゆう》天皇の貞元《じょうげん》二年(九七七)一一月、滝口武士に、弓矢を帯びて内裏に出入りさせる特例が認められた(『日本紀略』)。本来、内裏には、近衛府の武官と特別に帯剣を許可された者以外は、武装して立ち入れない。その制約を解除させるほど、滝口武士は不可欠になっていた。

本来、内裏だけでなく、京中の全域でも武装は御法度だった。奈良時代の天平宝字《てんぴょうほうじ》元年

（七五七）、平城京で「武官以外は京中で武装してはならぬ、という定めを徹底せよ。京内で騎馬の者が二〇騎以上集まったり一緒に移動するのも禁ずる」と定められて以降（『続日本紀』）、その禁制は平安京まで受け継がれていた。天元六年（九八三）二月、「京中と畿内で弓矢などで武装する者を摘発せよ」と検非違使が命じられたのもその一環である（『日本紀略』）。弓矢で武装する者、具体的には群盗が京中や畿内で目に余ったためだろう。

　ところが、四年後の寛和三年（九八七）三月、「武者十人」が、弓矢で武装して朱雀院《すざくいん》を守るよう命じられた（『日本紀略』）。朱雀院は後院《ごいん》の一つで、後院とは天皇が退位後の住居として用意しておく隠居所である。当時の朱雀院は無人で、盗賊による不法占拠が危惧されたのだろう。興味深いのは、その守衛として武装を許された一〇人が、滝口などの特別な肩書がない、単なる「武者（武士）」だったことだ。朝廷は、正当な理由さえつければ、官職や肩書（の有無）と無関係に、武士を武装させて警備に動員すればよい、と割り切る方向へ舵を切ったのである。武士の異名を「弓矢の士」といったように、弓矢による常時武装は武士のアイデンティティそのもので、それが京中で発揮されつつあった。宮中も京中も、もはや武士を全面的に受け入れることでしか、維持できなくなったのである。

官職制度を通さずに朝廷が武士を把握

そうした武士の使い方は、半世紀前の純友の乱に遡る。天慶四年（九四一）六月、朝廷は滝口と「諸家《しょか》及び貞盛朝臣《さだもりあそん》の兵士」を「試し」た（『日本紀略』）。「試す」とは武技の実技試験で、会場は右近馬場《うこんのばば》（右近衛府の馬場）なので騎射術の試験だろう。それは、藤原純友軍との決戦を想定した準備だったが、平貞盛の官職は右馬助《うまのすけ》で、彼の仕事は天皇の軍馬の管理であって戦闘ではない。しかし、朝廷は官職と無関係に貞盛ら武士を個人単位で把握した。厳密にいえば、武士と彼に従う一族、彼らに仕える郎等《ろうとう》（家人《けにん》）を「家」というパッケージ単位で動かすため、家の長を把握して、実戦投入を計画したのである。

官職制度を通さないで武士を把握すれば、官職は形骸化する。朝廷はそれに目を瞑《つむ》った。衛府がとうに形骸化していたので、無理にその古い制度を通さず、天皇（を代行する摂政）が直接指名して、天皇の命令のもとに把握してしまう方がシンプルで楽だった。

かくして承平・天慶の乱の後半戦に、滝口武士＋滝口でない武士、つまりすべての武士を直接把握する道が拓けた。四六年後、武装させた武者に朱雀院を警備させた事実はその延長上にある。そして、一度その方向へ舵が切れてしまえば、もう既存の制度を意に介せず、好きな時に好きな用件で、朝廷が武士を動員できる。少なくとも朝廷はそう信じた。

一条天皇の正暦五年（九九四）三月、京中・畿内諸国の盗賊の一斉捜索が行われた。従来通り六衛府と馬寮が担当したが、一つだけ違った。独立した部隊として「武者源満正《みつまさ》朝臣・平維将《これまさ》朝臣・源頼親《よりちか》朝臣・同頼信《よりのぶ》等」も派遣されたのである（『本朝世紀』）。清和《せいわ》源氏では、初めて武士（兵《つわもの》）となった源経基《つねもと》が「未《いま》だ兵の道に練《ね》れず」（『将門記』）という中途半端さのまま世を去り、息子の満仲《みつなか》の代で急速に武士の代表格にのし上がった。満仲は三年後の長徳《ちょうとく》三年（九九七）まで生きたはずだが、右の動員された武士の中に見えない。晩年に出家して摂津の多田《ただ》に引退したと伝わるので、この頃もう引退し、弟や子に世代交代していたのだろう。右に名が挙がる源満正（満政）は満仲の弟、頼親・頼信は満仲の次男と三男である。平維将は貞盛の子で、貞盛一家も世代交代していたと思われる。

かくして、武士の代表格として著名な清和源氏と桓武《かんむ》平氏が、京都の行政の中核に登場し、急速に主役の一人へとのし上がってゆくことになる。

京職と衛府に引導を渡す摂関政治

当時の朝廷は関白藤原道隆《みちたか》の晩年で、翌年、道隆・道兼《みちかね》兄弟が流行病で相次いで没し、弟の道長《みちなが》が最高権力者に躍り出る。この摂関政治、特に道長との癒着で、源満仲や平貞盛の子世代は摂関政治に貢献し、代価として巨大な利権を手にし、圧倒的な存在感を得た。

時を同じくして、武士にお株を奪われた京職や衛府が、京の治安維持から消えてゆく。

寛仁《かんにん》三年（一〇一九）四月に、群盗が京中の方々に放火して広域が焼け、犯人捜索の夜行が行われた（『小右記』）。五年後の治安《ちあん》四年（一〇二四）三月にも、強盗が京中の女性宅に押し入って人質としたため、捕らえて晒《さら》し首にした事件があった（『日本紀略』）。いずれの事件でも動いたのは検非違使だけで、京職や衛府の姿が見えない。検非違使さえ治安維持の主役の座を武士に奪われつつあったこの時代に、形骸化を極めた京職や衛府が動員されなくなったのは自然だ。放火事件があった寛仁三年は権力を極めた道長が出家した年、強盗事件があった治安四年は、頼通《よりみち》が父道長の後見のもとで若くして関白を務め始めた五年後である。とすれば、京職や衛府は、道長に引導を渡されたといってよかろう。

息子の頼通の政権は長く、長和六年（一〇一七）に二六歳で摂政となってから、治暦《じりやく》三年（一〇六七）に七六歳で関白を辞めるまで、何と五〇年も政権首班だった。その最中の長暦《ちようりやく》四年（一〇四〇）一一月、放火が続き、検非違使に夜行させた記録がある（『春記』）。これが、私の知る限り、最後の夜行の記録だ。警察機関の夜行制度は、摂関政治を最後に息絶え、歴史的役割を終えた。それは、続いて始まった院政が、より露骨に武士を掌握し、気ままに警察や戦争に使う時代になったことと、表裏の関係にあるだろう。

武士は群盗問題を解決したが、最終的に日本の支配者の地位を摂関家から奪い去った。摂関政治の萌芽とともに始まった群盗問題は、摂関政治にとって、先天的にして致命的な持病だったといえよう。その武士の論理が、摂関政治期にはすでに、次第に京に浸潤し始めていた。それは、平安貴族が最も嫌う血と穢《けがれ》の、文字通りのオンパレードだった。

平安京の晒し首第一号・平将門

武士の登場により、平安京という〝劇場都市〟に新たな演者と演目が加わった。しかし、武士自体の異質さを反映して、その演目も異質、というより異様極まりないものだった。

京を舞台に、武士が初めて行ったショーは〝晒《さら》し首〟である。私が知る限り、平安京で最初に首を晒されたのは平将門だ。天慶三年（九四〇）四月、下総《しもうさ》で将門を討ち取った藤原秀郷から、証拠の首が京に届いた（『日本紀略』『貞信公記』）。首は市司に引き渡され、東市の樹木に懸けられた。当時の男性は髻《もとどり》を結うため長髪なので、髻を解いてその長い髪で、木の枝に結びつけたのだろう。首を懸けた目的は、「諸人をして見せしむ（人々に見させる）」ためだった（『師守記』貞和三年一二月一七日条）。これは朝廷公式のショーなのであり、市で行うのは、京の住人へのアピール効果が絶大だからだ。ただ、古代日本は公開処刑を行わず、市で死刑が執行された記録はない。

嵯峨朝の大同《だいどう》五年（八一〇）に起こった藤原薬子《くすこ》の変を最後に、朝廷は死刑の確定判決を出さなくなった。そのため、しばしば歴史家は、死刑制度が薬子の変以降、一二世紀半ばの保元《ほうげん》の乱まで廃止されていたと説くが、厳密には違う。将門の乱に手を焼いた朝廷は、「将門を討った者に褒美を与える」と布告した。これにより、将門の殺害は「追討《ついとう》（追跡して討ち殺す）」という合法的行為となった。「追討」とは戦争ではなく犯罪者の制圧であり、法と手続きに沿って特定の対象だけを殺害する法的行為である。朝廷は「将門を見つけ次第、誰でも死刑を執行してよい」と布告したのと同じで、そこに平安時代の死刑制度は生きていた。秀郷は実力で将門に死刑を執行し、その証明となる首を届けたのである。

首を獄門（拘置所）に送ることがパターン化

一度この形が成立すると、反乱者や群盗が追討されるたび、首が京に送られてくる。将門が滅亡した翌年の天慶四年正月、前山城掾《さきのやましろのじょう》の藤原三辰《みたつ》の首が伊予から届いた。「海賊の中の暴悪の者なり」と記録にあるように（『師守記』貞和三年一二月一七日条）、彼は朝廷が手を焼いた海賊（海の群盗）で、藤原純友の一派だった。その半年後、今度は当の藤原純友とその子の重太丸《じゅうたまろ》の首が届いた。〈武士の働きで賊の首が届けられ京で晒される〉パターンは、この段階でテンプレートとして成立し、以後、繰り返されてゆくのである。

このテンプレートに、「獄門《ごくもん》」という定番のキーワードが結びついたのは、半世紀後だった。正暦三年（九九二）冬、海賊が瀬戸内海で暴れて阿波守《あわのかみ》藤原嘉時《よしとき》を拉致した時、「阿波国海賊追討使《ついとうし》」という肩書の源忠良《ただよし》という者が、二〇人以上の捕虜と、一六個もの首を持ち帰った。首はしばらく「東獄門前」に置かれてから、東西の市司に引き渡された（『日本紀略』）。「獄」は牢獄、「東獄」は左衛門府にある牢獄であり（右衛門府には西獄がある。一〇頁図1参照）、ここに初めて、「獄門」が晒し首の話に登場する。

「獄の門の前に置く」と記録にあるから、地面か台の上に置かれたはずだ。樹木に懸けなかった点からも、また最終的に首が市で晒されたに違いない点からも、「獄門」はそれまでの一時的な保管場所にすぎないことがわかる。その理由は、獄が既決囚の刑務所ではないからだろう。裁判が遅れて獄に囚人が溢《あふ》れた、という事例があった通り（二三頁）、獄は、罪名・量刑がまだ決まらない裁判中の未決囚を収容する拘置所にすぎない。ならば、死んでしまった罪人の首の扱いも、同様だったはずだ。右の場合、持ち帰られた一六の首すべてが名指しで追討を命じられた（死刑判決が確定した）者とは考えられない。一六人の名と罪状を明らかにする法的手続きを踏んで初めて、単なる殺人や私刑ではなく、法に則《のっと》った刑罰になる。その手続きの間、未決囚である首は、獄に身柄を拘置され、「死刑＋晒し首が相当」という判決が出ると、刑を執行するため首が市に移動させられる、という仕組みだったと考えるのが自然である。獄門は本来、〝首の拘置所〟だったのだ。

三九年後の長元《ちようげん》四年（一〇三一）六月、源頼信《よりのぶ》が平忠常《ただつね》の首を持って入京した。頼信は当時最強クラスの武士・源満仲の子、忠常は将門の叔父良文《よしふみ》の孫だ。忠常は房総半島に勢力を築いて国司に背き、安房守《あわのかみ》を焼き殺すという暴挙に及んだため、朝廷が頼信に追討させた。それ以前に忠常は頼信の従者になっていたため、頼信が追討に乗り出すと忠常は降参し、連行されて京へ上ったが、途上の美濃《みの》で病死した（『日本紀略』『扶桑略記』）。頼信は首を切り取り、体を埋葬して、首だけを京に持参した。この斬首は、懲罰ではあるまい。病死した忠常を完全に現地で埋葬してしまうと、頼信が偽って忠常を逃がした疑いが残る。そこで、忠常が世を去ったことを証明するため、首を持参したのだろう。忠常の首は、生前に降参したことを評価されて市に晒されず、忠常の従者に与えられた（『日本紀略』）。

前九年合戦と凱旋パレードの成立

天喜《てんぎ》四年（一〇五六）、頼信の子で陸奥守《みちのくのかみ》だった源頼義《よりよし》が、陸奥《みちのく》の奥地を支配する安倍《あべ》氏と大戦争を始めた。前九年《ぜんくねん》合戦である。頼義は苦戦したが、隣国出羽《いでは》の清原《きよはら》氏の協力で康平《こうへい》五年（一〇六二）に勝利した。この戦争で、安倍氏側に総計数百人の死者が出た。しかし、頼義が朝廷への報告書で「討ち取った」人々として挙げたのは九人だけ（『陸奥話記』）、そして京へ運んだ首は、敵の主将安倍貞任《さだとう》と弟の重任《しげとう》、貞任の妹婿の藤原経清《つねきよ》の三つだけだった。朝廷から名指しで追討の対象とされたのが、この三人だったからだろう。

頼義は戦後も残務処理と称して陸奥に留まり、藤原季俊《すえとし》という家人《けにん》（従者）に首を届けさせた。彼が使者に選ばれたのは、傔仗《けんじょう》という役職にあったからだ。傔仗は、東北地方の治安維持を職務とする鎮守府《ちんじゅふ》将軍の部下であり、頼義がその将軍だった。頼義は、数ある家人の中から傔仗である季俊を使者に選ぶことで、頼義個人の使者ではなく鎮守府将軍の公的な使者であること、つまり首の持参が鎮守府将軍の職務の遂行だと示したのである。

三人の首が京に届いたのは、終戦翌年の康平六年（一〇六三）の二月半ばだった。その入京は周到に、派手派手しく演出され、一目見ようと殺到した見物人で大騒ぎになった。その様子を、源俊房《としふさ》という廷臣が日記『水左記《すいさき》』に克明に描写した目撃記録がある。私が知る限り、凱旋した官軍が京で行う儀礼を描写した、最も古く貴重な記録である。

それによれば、凱旋パレードの様子は次の通りだった。季俊の一行は騎兵二人＋歩兵二〇人余りで、騎兵が傔仗の季俊と軍曹《ぐんそう》の某（名は不明）だった。軍曹も鎮守府の職員なので、これも鎮守府将軍の職務だというアピールである。当時、終戦から二ヶ月も過ぎ、また京の近辺には少しも軍事的な危機はなかったが、一行は全員、あえてこれ見よがしに甲《よろい》と冑《かぶと》で完全武装していた。それも、単なる国司の家人や役人とは一味違う、鎮守府という軍政府の職員だというアピールであり、やはり頼義の将軍としての活躍を印象づける演出である。「殊《こと》に武威《ぶい》を耀《かがやか》す（耀くばかりに特別な軍人の迫力があった）」と記録された通り、その演出は成功し、京の人々に〈我らの頼れる官軍〉という印象を与えた。

京の三条大路の東の果てに、粟田口《あわたぐち》がある（一〇頁図1）。東海道・東山道・北陸道からの出入口で、脇の志賀越《しがごえ》（近江の坂本に出る）を使わない限り、東から来る者が必ず通る交通の要衝である。粟田口は粟田山《あわたやま》（日岡《ひおか》）の山麓で、京から東へ下る者は粟田口を経て粟田山の渓谷（松坂、日岡峠）を過《よ》ぎり、山城国宇治《うじ》郡の山科《やましな》郷に出る。東から来る者を京の住人が出迎える時は、しばしばこの粟田口で出迎えた（『平安時代史事典』「粟田山」）。

貞任らの首を携えた季俊の一隊は、その粟田口付近の「粟田山の大谷の北の丘の上（粟田山の渓谷の北に隣接する丘陵)」に出現し、丘陵の上で「踟躕徘徊《ちちゆうはいかい》(進むでも留まるでもなくうろうろ)」した。その様子を、先の記録を書いた源俊房はお忍びで見物していた。

一隊は東から京の入口にさしかかると、すぐに京に入らず、目立つ高台で自分たちの姿を見せつけた。もったいをつけたのであり、明らかに見物されることを前提としていた。彼らは鋒《きつさき》(刃物の先端。後述の源義綱の事例から見て鉾《ほこ》だろう)に、三つの首をそれぞれ刺して高く掲げていた。見物人に誇示する露骨な演出であり、高台をステージとして、彼らは大見得を切ったのである。行政手続上は必須でないこのショーを、観客を集めて行った彼らは、極めて自覚的に〈頼れる将軍の凱旋〉という演劇を行っていた。彼らが日暮れと同時に、つまり人から見えなくなるとさっさと京中へと立ち去ったことも、ショーだった証拠だ。

首を持って京中を練り歩く凱旋パレード

ショーを終えた一隊は、四条大路と京極《きようごく》大路の交差点(今の四条河原町付近)に近い、鴨川の川原付近で三つの首を検非違使に引き渡した。今では京都最大の繁華街に含まれる京極は、文字通り〃京が極まる(終わる)〃場所、つまり京の境界だ。そこで首を引き渡したのは、京内の犯罪処理を検非違使が独占したからである。首は刃物から抜き取られ、検非違使の「鉾《ほこ》」に刺し替えられ、「着鈦《ちゃくだ》」が持ち運んだ。「着鈦」は〝判決を宣告して足《あし》枷《かせ》を付け収監すること〟だが、ここでは足枷をつけられた囚人を意味するようだ。

あえて囚人に首を持ち運ばせたのは、「穢《けがれ》」の問題によるだろう。摂関政治の最盛期頃に、宮廷社会は穢という考え方に、急速に強く囚われ始めた（中澤克昭―二〇一八）。その考え方では、死者や、血を流す者や、犯罪者は穢れており、彼らと接すると他人にも穢が伝染し、そこからさらに他人へと二次感染・三次感染する。そこで誰もが穢れた者との接触を避けたが、犯罪者はすでに穢れているので、死者の首と接触してもこれ以上穢れず、適任とされたのだろう。

三人の囚人は一本ずつ、首の刺さった鉾を持ち歩いた。先頭の一人が貞任の首を持ち、続く二人が重任と経清の首を持った。これで見物者は誰でも、先頭を進む首が反乱軍の首領だと判別できる。しかも、それぞれの鉾には、首になった各人の姓名が書かれた名札がつけられ、面識のない野次馬でも、反逆者の顔と姓名がわかるようになっていた。

こうして首の個人情報が開示された上で、首ごとに付き添いが一つの集団を成して進んだ。鉾を持つ囚人を挟むように、看督長《かどのおさ》が二人ずつ付き添った。看督長は、獄の番人や犯罪捜査・追捕の実働部隊となる検非違使の下級職員で、荒くれ者が多く、京の民から頼られつつも恐れられたらしい。首を持つ囚人の逃亡を防ぐため、横で目を光らせたのだろう。

その後ろに、「放免《ほうべん》」が一〇人あまり付き従った。「放免」は文字通り刑期を終えて放免された元犯罪者で、検非違使の末端の実働部隊として働くようになった者だ。屈強の荒くれ者が多く、検非違使庁で働きながら犯罪者に逆戻りする者も珍しくなく、前科も再犯も凶悪犯罪であることが多い。そんな者でも検非違使が現場で雇用して使ったのも、穢れることに抵抗がない者に〝汚れ仕事〟を担わせるためだろう（丹生谷哲一一九八〇）。

この、首を捧げ持つ囚人を中心に看督長・放免が付き添う十数人の集団が、首ごとに三つ作られ、互いにかなりの距離を空けて京の街路を進んだ。完全に見物人を意識したパフォーマンスであり、これ見よがしのパレードだった。

超大作の勧善懲悪ショーに熱狂する都人

見物人は熱狂した。貴人は車（牛車）を道端に駐めて観覧席とし、車に乗れない階層の人々は馬上から観覧し、身分を問わず僧も俗人も入り交じって、『扶桑略記《ふそうりゃっき》』という記録によれば「雲のように」群集して見物した。その人垣は、何と粟田口付近から京極大路を超えて京中までびっしりと立ち並び、後ろを振り返れないほど混雑し、騒音は雷が鳴るようで、雑踏で舞い上がる粉塵は、春なのに霧がかかったようだった。

役回りに従って象徴的な（実務上は不要で過剰な）所作を演じる出演者たちがあり、彼らのそうした振る舞いを期待し、殺到し、凝視・熱狂する大観衆があり、そうした構図になるよう最初から意図して誘導した演出者があったならば、これは演劇の一種と見なして差し支えない。そして、その場となった京は、劇場以外の何ものでもない。

前九年合戦というスペクタクルの終幕は、数年に一度の超大作映画と似ている。生きている間にこれほどのイベントにはもう出会えないかもしれない、と見物者に思わせる前九年合戦の珍しさが、大観衆をこれほどまでに熱狂させたのだろう。

見物した源俊房は、誇らしく記した。「今こそ、遠い昔の聖王にも劣らない「皇威（天皇の威厳・権威）」が、はっきりと満天下に示されたのだ」と。これこそ、見物人が実感したいストーリー、そして演出側が印象づけたかったストーリーだ。正義は最後に必ず勝ち、そして我々は正義の側にいるのだ、という勧善懲悪物語を、誰もが望んでいた。

貞任の首は箱に入れられ、貞任の従者が担いで京まで運搬した。その一行が京の少し手前、近江の甲賀《こうか》郡に着いた時、隊長が貞任の従者に、首の髻《もとどり》（頭髪）を洗って梳《くしけず》る（櫛《くし》で梳《と》かす）よう命じた。従者が「櫛がありません」と答えると、隊長に「お前の私物を使え」と命じられたため、従者は泣きながら嘆いた。「生前の主人は、高い天のように仰ぎ見る存在だったのに、私の粗末な櫛で髪を手入れすることになろうとは、夢にも思わなかった」と。その様子は哀れで、ほかの者も皆、涙したという（『扶桑略記』『陸奥話記』）。

右の出来事には見物する都市民もなく、意図的に演出された演劇ではない。それを見たのは、同行した鎮守府の職員だけだろう。ただ、この話を載せる『陸奥話記《むつわき》』は、頼義が朝廷に提出した報告書と「衆口《しゅうこう》の話（皆が語り伝えている話）」に基づく記録なので、この話が数少ない目撃者によって、美談として京で語り広められたのは確かだ。

かくして京は、台本に沿った演出と、その合間のアドリブ的な逸話の両方が織り成す、武士のドラマの舞台となってゆく。承平・天慶の乱の段階にはなかったそれが、この時期に起こり始める理由は、武士が京を本格的な活動拠点として固めつつあったからだろう。

かつての承平・天慶の乱では、平将門も藤原純友も官軍も、京の人ではなかった。特に、将門は東国で挙兵し、それを東国の秀郷が鎮圧し、将門の首だけ京へ送って、秀郷自身は戦後になっても一歩も坂東を出ず、結果的に将門の乱はすべて東国で完結した。ドラマを演じて記録に残されるだけの実力を、武士はまず地方で身につけたのだから、当然、ほとんどのドラマは地方で起こったのであり、京が舞台になる可能性はあまりない。

しかし、その次の満仲の世代から、源氏は京を拠点として力を蓄えた。彼らは地方の反乱を鎮圧するため地方に下り、戦争に勝てば京に凱旋する。その点が、首だけ京へ届けてきた現地人の秀郷との違いであり、京が戦勝イベントの劇場となるべき必然性だった。

追討請負人となった源義家

源頼義の長男義家《よしいえ》は、前九年合戦での勇戦を買われ、反逆討伐を請け負う常連となった。前九年合戦の凱旋パレードから七年後の延久《えんきゅう》二年（一〇七〇）、藤原基通《もとみち》という者が陸奥で反乱を起こした。朝廷は源頼俊《よりとし》（満仲の次男頼親の孫）を陸奥守に任じて追討を命じたが、たまたま陸奥の南隣の下野《しもつけ》に赴任していた下野守の義家が、電光石火で陸奥に進軍し、頼俊が現地に到着する前に基通を投降させた。しかし陸奥守の頼俊も、「追討は済んだので下向は無用」という朝廷の制止を無視して下り、残党の掃討（と称する殺戮《さつりく》）を強行した。義家も頼俊も、首や捕虜を伴って京に上ると現地から連絡しており、間違いなく、京で前九年合戦のような凱旋パレードを行おうと画策していた（『扶桑略記』、『朝野群載』一一）。ただ、その後の記録がなく、どうなったかは不明だ。

九年後の承暦《しょうりゃく》三年（一〇七九）秋、源重宗《しげむね》という武士を追討するため、義家は美濃へ下った。理由は、重宗が源国房《くにふさ》という武士の館を襲い、朝廷の出頭命令を拒否したからだった。重宗は逃亡したが、義家との対決を諦めて京に出頭し、獄につながれ、国房も重宗と合戦した罪で拘束された（『為房卿記』『水左記』『扶桑略記』『百練抄』）。義家は、隣国にいたわけでもなく、そもそも無官だったのに動員された。もはや義家は、京を拠点に個人で朝廷の追討を一身に担う、追討請負人のようになっていたのである。

重要なのは、請負人という点だ。頼まれもしない戦争を勝手に起こせば、義家といえども英雄扱いされない。そこを履き違えて義家が大きく躓《つまず》いたのが、後三年《ごさんねん》合戦だった。

法的手続きを軽視した義家の失敗

後三年合戦は、前九年合戦で滅亡した安倍氏の勢力圏を継承した清原氏の内紛に始まる。その内紛に、陸奥守・鎮守府将軍として赴任した義家が巻き込まれ、手を引けなくなって、ずるずると介入し続けた。戦乱は最終的に、義家＋藤原清衡《きよひら》（前九年合戦で首を京に晒された経清の子）と、清原家衡《いえひら》（藤原清衡の異父弟）＋清原武衡《たけひら》（家衡の叔父）の衝突になり、義家・清衡の勝利で終わった。家衡は戦死し、武衡は現地で逮捕されてから処刑された。

終戦は寛治《かんじ》元年（一〇八七）冬で、永保《えいほう》三年（一〇八三）の開戦から四年も経っていた。

勝利の直後、義家軍は「武衡・家衡の主な郎等四八人の首を斬って、義家の眼前に並べた」（『奥州後三年記』）。それら多数の首を携えて、義家は京への帰途に就いた。その首は、前九年合戦の父と同じように、京の凱旋パレードで華々しく掲げられる予定だっただろう。しかし、義家一行は帰京の途中で朝廷の使者と行き合い、「今回の戦争に朝廷は一切関知しない」と通告された。義家はここで、自分の認識が根本的に間違っていたことに気づかされた。義家はそれまで、陸奥守・鎮守府将軍である自分に公然と敵対した者は朝敵だと、単純に認識していたらしい。ところが朝廷の認識は違った。

かつて、「新皇」と名乗って完全に天皇を否定した平将門や、国司を殺した平忠常は、正真正銘の反逆者だった。前九年合戦でも、国府が徴収すべき税を安倍氏がすべて奪った事実があり（『陸奥話記』）、やはり反乱と認定できる。ところが後三年合戦には、そういった反乱の明白な徴候がなかった。しかも、右の三つの乱と違い、今回は、清原武衡・家衡を朝敵と認定する手続きも、それに基づいて追討を命じる手続きも一切なかった。義家自身が報告書で、「武衡・家衡が謀反、すでに貞任・宗任に過たり。わたくしの力をもつて、たまたまうちたいらぐる事を得たり。はやく追討の官符をたまはりて首を京へたてまつらん」と認めたように、義家は追討命令がないまま自分の手勢で戦争を遂行し、相手を殺戮した。そしてすべて終わった後、追討命令を出すよう朝廷に要求したのである。

しかし、反逆者の認定には多くの段取りが必要だ。将門の時、反逆の認定は源経基の告発から始まったが、摂政忠平《ただひら》は告発の真偽を審査させ、東国の国司たちに文書で証言させるなど、入念な調査を重ねた。むしろ、告発が不正だった場合に備えて、告発した経基の身柄を拘束したほどだ。反逆者の認定は、義家が考えているほど簡単ではないのである。そうした手続きを義家は甘く見た。まして、家衡たちは「わたくしの敵《かたき》たるよし聞ゆ（義家の個人的な敵にすぎないらしい）」という話が、すでに長い戦争の過程で京に伝わっていた。そのため、朝廷はこれを私戦と断じ、一切関知しないと決めたのである。一人の地方行政官の独断で、自分の敵を国家の敵だと独断で決めてよいわけでも、独断で殺してよいわけでもないぞ、という朝廷の指摘は当然だった。

かくして、義家の帰京は〈頼れる官軍の凱旋〉ではなく、〈無法な殺戮集団の横行〉と認定された。やむなく義家らは「首を道に捨て、むなしく京へのぼ」った。

この義家の不祥事が、寛治元年（一〇八七）の出来事だったことに注意されたい。それは堀河《ほりかわ》天皇の治世二年目だが、最も重要なのは、それが堀河の父の白河《しらかわ》上皇が院政を始めて二年目だった、ということだ。時代は摂関政治から院政へと、大きく転回し始めていた。しかし、義家はその転回に、微妙に乗り損ねた。

それは、朝廷にとっても困った問題だった。後三年合戦で義家が信頼を失った結果、謀反人追討を個人で請け負える、有能な武士の第一人者を失ったからだ。朝廷は、天皇や国土の治安を守るために、義家に代わる人材を急いで調達せねばならなくなった。

武士の名前はなぜ「○○衛門」「○○兵衛」ばかりに？

そこで白河院が白羽の矢を立てたのが、義家の弟の源義綱《よしつな》だった。義綱は義家とともに前九年合戦に従軍し、奮戦を賞されて左衛門尉《さえもんのじょう》となるほどの名声を、少年期に得ていた。

義綱が左衛門尉だったことは重要だ。この頃から、武士を衛門尉《えもんのじょう》や兵衛尉《ひょうえのじょう》（衛門府や兵衛府の第三等官）に任じる事例が、急激に増えたことを象徴しているからである。

先述の通り（一六頁）、平安前期の段階で、衛府の主力の舎人は救い難く堕落していた。そのような衛府の梃子《てこ》入れとして滝口武士が投入されたわけだが、滝口は衛府の監視役にすぎず、衛府本体の人材（舎人）が変わらない以上、原理的に、衛府の衰退は止めようがない。そこで、必然的に一つの結論が出された。武士に衛府を監視させるという回りくどいやり方はやめて、武士を衛府の役人に登用するのが最も効果的に決まっている、と。

かくして、摂関政治の末までに、武士を衛府に任じる事例が現れ始めた。彼らには京中の治安維持を担わせたいので、検非違使を兼ねさせるのが都合よい。検非違使は衛門府の官人が兼ねるので、武士を衛門府に登用する必然性が生まれる。そして、位階でいえば六位の者が該当する第三等官の衛門尉が、武士には身分的にちょうどよい。

以後、院政期を通じて武士の衛門尉は増え続け、鎌倉幕府では大人気の肩書となって、武士が左衛門尉・右衛門尉だらけになる。戦国時代に、武士の通称には官職もどき（官職を元に創作した通称。山本勘助・斎藤用之助などの類）が爆発的に増え、江戸時代にはほとんどそればかりになる。その中で、名乗りが官職名と正確に同じでなければ、正式に任官しなくとも詐称にはならない、という論理が戦国時代頃から横行して、官職の一部を名乗る風潮が顕著となった。任官せずに「左衛門尉」と名乗るのは詐称だが、「左衛門」なら詐称にはならない、と。衛門尉・兵衛尉は人気だったので、武士やそれに近い身分の人が、「○○左（右）衛門」「○○兵衛」だらけになった。前田又左衛門（利家《としいえ》）・奥村助右衛門・柳生《やぎゅう》十兵衛の類がそうで、時々、左右近衛府から取って島左近《さこん》などと名乗る者もいた。石川五右衛門や近松門左衛門など、盗賊や町人さえも「衛門」と名乗った。また、そうした中でも、筋の良い武士はきちんと衛門尉に任官した。「遠山の金さん」として有名な江戸幕府の町奉行・遠山金四郎景元《かげもと》は、任官して「遠山左衛門尉」と名乗った。

ちなみに、世界的な人気キャラクターである「ドラえもん」の「えもん」は、漢字で書けば「(右)衛門」になる。「ドラ」はドラ猫に由来するらしく、ドラ猫の「ドラ」は〝怠惰な／放蕩の／道楽者の〟という意味で、恐らく「道楽」が訛《なま》ったものだ。すると「ドラえもん」は漢字で書くと「道楽衛門」か「道楽右衛門」になる。原作者の藤子・F・不二雄は落語が好きで、水死体を指す「土左衛門《どざえもん》」という言葉が落語にしばしば現れることに、「ドラえもん」という名の着想を得たという説がある。水死体を「土左衛門」というのは、膨らんだ形が相撲取りに似ており、江戸時代の成瀬《なるせ》川《がわ》土左衛門という著名な相撲取りと結びつけられたからといわれる。相撲取りが「土左衛門」と名乗るのは強そうだからで、それは鎌倉時代以来、武士が「衛門」の名乗りを好んできた結果に違いない。あの世界的人気アニメの主人公が「ドラえもん」であるのは、めぐりめぐって、衛府の崩壊と武士の登用という歴史的に重要な出来事に由来するのだった。

衛府に武士を投入して立て直す

話を戻せば、源氏では、経基・満仲・頼光《よりみつ》の初期三代に、衛府に任官した形跡がない。しかし、満仲の弟の満季《みつすえ》が、安和《あんな》二年（九六九）三月の安和の変で「検非違使源満季」と呼ばれている（『日本紀略』）。検非違使は必ず衛門府の官人が兼ねるから、満季は衛門尉だったに違いない。これが、武士が衛府に直接登用された最初期の事例であり、それが検非違使を兼ねていた点に、彼らが衛府に進出した理由がよく反映されている。

平氏では、貞盛《さだもり》には衛府に関わった形跡がないが、息子の維将《これまさ》が右衛門少尉《しょうじょう》・左衛門少尉を歴任し、弟の維叙《これのぶ》も右衛門尉だった（『親信卿記』天禄四年四月一七日条）。維将の子の維時《これとき》も、著名な強盗・藤原保輔《やすすけ》に殺されかかった時に右兵衛尉で、後には左衛門尉となった（『小右記』永延二年閏五月九日条・長徳二年一〇月一一日条）。一〇世紀後半には、源平の主な武士を衛府・検非違使に登用して、京の治安維持の基幹業務に武士の力を直接活用する手法が、確立していたといえるだろう。

〈武士は衛府から生まれてきた〉という仮説があるが、右の流れは、史実がそうでなかった証拠になる。もしその説が正しければ、武士化した源氏の祖（経基・満仲・頼光）や平氏の祖（貞盛）が衛府に任官した形跡がないことが、説明できない。武士が衛府から生まれたのではなく、武士の投入によって衛府が武士らしくなった、と考えるのが自然だ。

源氏では、源頼信が寛和《かんな》三年（九八七）二月に左兵衛尉、寛仁三年（一〇一九）正月に検非違使（したがって衛門尉）だった証拠がある（『小右記』）。息子の頼義と孫の義家には衛府に任官した確かな証拠がないが、義家の弟の義綱が前九年合戦の賞で左衛門尉になり、その弟の義光《よしみつ》も後三年合戦の時に左兵衛尉だった。義光は、寛治元年（一〇八七）秋に兄義家の援軍となるため無許可で陸奥に下向し、職務放棄と見なされて罷免されている（『為房卿記』）。

義綱の平師妙追討——肥大化する凱旋パレード

源義綱の一家は、義家一家のように勝手に地方の有力者を滅ぼしたり、凶悪な反社会的活動（後述）に手を染めず、白河院政に完璧に順応した。白河院も義綱に、名声を得る機会を用意した。それが、平師妙《もろたえ》・師季《もろすえ》親子の乱の鎮圧である。

寛治七年（一〇九三）、師妙らは出羽守《いではのかみ》源信明《のぶあき》の館を焼き討ちし、財宝をすべて奪い、信明は山中に逃亡して行方不明になった。これが「謀反」と認定され、源義綱が隣国の陸奥守に任命されて、追討を命じられた。義綱がとりあえず現地に偵察隊として藤別当《とうべっとう》という名の郎等《ろうとう》を派遣すると、彼は独力で、あっという間に師妙親子を討ち取ってしまった。

翌寛治八年三月に義綱は凱旋パレードを行ったが、これは奇妙極まりない。義綱は現地に赴任していないのだから。彼は、恐らく粟田口あたりまで出向いて偵察隊と合流し、また京へ戻っただけだ。つまり、戦場から帰ってくる義綱をたまたま皆で見物したのではなく、最初から見世物として計画された、純粋なパレードなのであった。

そのパレードを、藤原宗忠《むねただ》という廷臣が目撃して、日記『中右記《ちゅうゆうき》』に記録を残している。それによると、前九年合戦の時には首を運ぶ使者だけが派遣されてきたのに対して、今回は陸奥守義綱自身が一隊を率い、堂々と入京した。入京は申刻《さるのこく》（午後四時頃）で、行列の先頭を、「戟《ほこ》」の先に刺して高く掲げた師妙親子の首が進んだ。首には、姓名を書いた赤い小さな「幡《はた》」が付けられていた。首は四条大路の末の鴨川原で検非違使に引き渡され、「着鈦《ちゃくだ》」の囚人が獄まで持ち運んだ。それらの細部はすべて、父頼義の前九年合戦での凱旋入京を踏襲したもので、なおかつ、それを陸奥守義綱自身が率いることで、より物々しく見えるよう、アップグレードされていた。規模も肥大化している。二人の首の左右には、「長剣（長刀《なぎなた》のことか）」を捧げ持つ「歩兵」が三〇人も付き従い、義綱自身が印象的な服装で一緒に進み、二〇〇人もの郎等を引き連れていた。

例によって見物者は雲霞《うんか》のようで、混乱を極めた雑踏の様子は「或《あるい》は車軸《しゃじく》を折り、或は烏帽《えぼし》を飛ばす」と表現された。興味深いことに、藤原宗忠はその日、天皇に食膳を捧げる仕事に出勤した時に、内裏で同僚の三人と相談して、「今日、義綱が謀反人の首と投降者を従えて入京するから、必ず見物しよう」と約束していた。凱旋パレードの日が事前に広く告知され、廷臣たちにも必見の、訴求力が強いイベントだったことがわかる。

この時、「頭を西の獄の門前の樹上に梟《さら》す」と記録され、恐らく初めて、首が獄門に晒された。後世のように台の上に置くのではなく、門前の木の枝にぶら下げたのだが、これは以前、市で行っていた晒し首の形だ。獄がある検非違使庁（左衛門府）で法的手続きが済んだ後、市に移送する手間を略したのである。その理由は、市の衰退と、それに伴うアピール効果の消滅だろう。公設の東市・西市だけで、朝廷の統制のもとで商売する時代は終わり、当時は、民間で独自に商業が発達しつつあった。それはまさに、今日まで脈々と続く商業都市「京都」の始まりだ。とすれば、犯罪者が「打ち首獄門」になるという江戸時代まで続いた風習は、「京都」の成立と直接つながる現象だったといえよう。

凱旋パレードを最重要公式行事にした白河院

義綱の凱旋パレードは、朝廷側の手続きが判明する点でも貴重だ。朝廷は、「犯人の頭は検非違使らに受け取らせ、投降した二人は義綱の申請通り赦免せよ」という宣旨《せんじ》を作った。宣旨は天皇の命令書である。天皇が口頭で述べた命令は、蔵人頭《くろうどのとう》（天皇の秘書官筆頭）が宣旨に記録し、上卿《しょうけい》に下された。上卿は太政官《だいじょうかん》側の執行責任者となる公卿で、この手続きにより、宣旨の執行が太政官の政務システムに託される。今回は左大臣が上卿で、受け取った宣旨を弁官局《べんかんきょく》に与えた。左大臣は太政官の筆頭なので、太政官の最も重要な仕事として扱われたということだ。弁官局は、太政官が出す命令書の発行や、記録の保管などを司る部局である。その弁官局が宣旨を検非違使に伝え、検非違使が出動する。

凱旋パレード以前に宣旨が出されて太政官が動いたのなら、このパレードは朝廷と義綱で示し合わせて共同開催された、朝廷の公式行事である。実は、前九年合戦のパレードも同じだった。「安倍貞任の首が入京した時には、検非違使を内裏に呼び出し、蔵人が「首を受け取れ」と天皇の命令を口頭で伝え、束帯《そくたい》（廷臣の正式な出仕服）を着て検非違使が受け取りに行った」と、宗忠が証言しているからだ。

かくして、武士が朝廷の期待を背負って反乱者の討伐に向かい、成功すれば、朝廷の公式行事として、京を舞台に凱旋パレードが行われ、京の住人が身分を問わず殺到して熱狂する、というパターンが定着した。宗忠は、義綱が郎等を派遣しただけで反乱を鎮圧した事実に感嘆し、「武勇の威《い》、自《おの》ずから四海《しかい》に満つるの致す所か（天下の隅々まで轟《とどろ》く義綱の武勇の凄さが招いた結末だろう）」と書いている。都人は今回も、〈この国（朝廷）は頼れる武人に守られている〉という実感を嚙《か》みしめ、満足したのである。

このパターンを逆手にとれば、次のようなことが可能だ。特定の武士Aを反乱の追討に起用し、凱旋パレードを行わせることによって、京の住人を熱狂させてAに喝采を送らせ、〈Aはこの国の安全を託せる頼れる武人だ〉という印象を与えられる。白河院《しらかわいん》（白河上皇、後に出家して法皇）は、このことに気づいた。

義綱の平師妙追討は、白河院政のもとでの出来事だった。義綱を追討に起用したのも、凱旋パレードの朝廷側の対応を主導したのも、白河院に違いない。現地に下ってもいない義綱に、わざわざ凱旋将軍らしい風情で京中を行進させるような史上初の演出も、朝廷の最重要公式行事として行われたのなら、白河院の政策である。

白河院は武士のあり方を大きく転換させ、それが京の治安維持のあり方を根本的に変え、ひいては京そのものを変えてゆく。そこには、白河院の手で平安京が「京都」に生まれ変わるという、大転換があった。「京都」こそ、院政という政治形態を物理的に実現する、新時代の社会基盤《インフラ》にほかならなかったのだ。いよいよ「京都」誕生の瞬間は迫っていた。

第二章　「京都」誕生と「天下」の謎

——秩序の平安京＋君臨の鳥羽＋極楽往生の白河

白河院政に屈服する摂関家――藤原忠実の悲運

院政は、摂関政治の空白に乗じて生まれた権力である。治暦《じりやく》三年（一〇六七）、藤原頼《より》通《みち》が、四八年間も在職した関白を七六歳で退くと、道長の遺言でその地位を継承できると信じていた弟教通《のりみち》と、息子師実《もろざね》に継がせたい頼通の間で一悶着あり、しばらく関白が空席になった。結局、翌年に教通が関白となり、承保《しょうほう》二年（一〇七五）に没するまで在職した。教通が没すると、師実が三四歳で関白となった。当時は白河天皇の治世で、応徳《おうとく》三年（一〇八六）に白河が子の堀河天皇に譲位すると、師実は摂政となった。後に師実はまた関白になり、寛治《かんじ》八年（一〇九四）に三三歳の息子師通《もろみち》に関白を譲って、七年後に没した。

師通は剛直な性格で、暴走しがちな白河院政への歯止めだった。師通は学問に励み、大《おお》江匡房《えのまさふさ》らの儒学者を重んじ、百家の書に精通し、承徳《しょうとく》三年（一〇九九）六月に彼が没した時には、彼の生前は「天下粛然《しゅくぜん》（天下が引き締まり、すべてあるべきところにあった）」と回顧された（『本朝世紀』）。師通の享年はわずか三八歳で、摂関家の運は急速に転落し始める。大江匡房が「天、其《そ》の才を与《あた》へて寿《いのち》を与へず」と惜しんだ、早すぎる死だった。師通の長男忠実《ただざね》は、まだ二二歳の権大納言《ごんのだいなごん》だった。摂政・関白には大臣経験者しか就任できない慣例なので、忠実は関白に任命されず、「内覧《ないらん》」の権限を与えられた。内覧は、天皇に奏上される文書に事前に目を通せる（内覧する）権限で、「内覧と関白とは万機《ばんき》すでに同じき事なり（内覧と関白は政務の上で同等）」といわれた（『中右記』大治四年七月一七日条）。それを与えれば、事実上の関白にしたのと同じになる。

摂関政治の絶頂期、権大納言の藤原道長は内覧になって事実上の関白となり、それで困らなかったせいか、右大臣・左大臣に昇進しても摂関にならず、内覧として一条天皇・三条天皇の朝廷を統率した（後に、後一条《ごいちじょう》天皇の摂政に就任）。権大納言の忠実が内覧になったのはその踏襲で、形の上では摂関政治絶頂期の再来といえる。ただ、道長のように、絶頂期の摂関政治が摂政・関白の肩書きを必ずしも必要としなかったことが、何より重要である。道長は摂関だから権力者になったのではなく、権力者だから摂政にもなったのだ。その権力が、忠実にはない。忠実は白河院の配慮で内覧にしてもらう存在だった。忠実は翌年右大臣に昇り、それで関白就任の資格を満たしたはずだが、まだ許されず、長治《ちょうじ》二年（一一〇五）の関白就任まで六年間も内覧のままだった。しかも、白河の父の後三条《ごさんじょう》天皇の時から摂関家は天皇の外戚でなく、摂関家の政治的存在感《プレゼンス》に大きな風穴が空いていた。

堀河天皇は政務に意欲を見せ、父の白河院と尊重し合って、協調的に朝廷が運営された。しかし、忠実の関白就任から二年後の嘉承《かしょう》二年（一一〇七）、堀河天皇が二九歳の若さで没し、息子の鳥羽《とば》天皇がわずか五歳で即位したことで、白河院政の独走を阻む歯止めが消滅した。以後、忠実は嵐の中の小船のように、院政に翻弄されてゆく。鳥羽の即位に伴って忠実は三〇歳で摂政となり、六年後の永久《えいきゅう》元年（一一一三）には鳥羽の成人に伴って関白となった。しかし、もはや摂政・関白は、院政の支配に服していた。

院政——好き嫌いで行う利権まみれの政治

大治《だいじ》四年（一一二九）に白河院が没した時、藤原宗忠《むねただ》は、白河院政を「意に任せ、法に拘《こだわ》らず」と評した（『中右記』）。白河院は「理非《りひ》決断（こうと決めたら悩まない意思決定）」のもと、「賞罰分明、愛悪《あいお》掲焉《けちえん》（好き嫌いが明確で、気に入った者には莫大な賞を与え、怒らせた者にはとことん痛い目に遭わせる）」の政治を行った。この、法や理性や学識を軽視して、院の思いつきと感情と〝好き嫌い〟で気の向くままに物ごとが決まって行く政治、つまり「俺様が法律だ」という政治の中で、人々は二分されていった。「男女の殊寵《しゅちょう》（特別な寵愛を受けた者）」は院の近臣として権勢を謳歌し、生来の身分を忘れて「天下の品秩《ほんちつ》（世界の正しい身分秩序）」を破壊し、莫大な利権を得て富み栄えた。その結果、不遇を託《かこ》つ者との格差が開きすぎ、「貧富顕然《けんぜん》」という史上最大規模の経済格差が生まれた。

院の権力の源泉は、太上天皇《だいじょう》という〝もう一人の天皇〟として、天皇の後見人という名目で、朝廷の人事を自由に決める人事権にある。白河院はそれを存分に行使し、お気に入りの近臣には受領《ずりょう》（国司の長官）のポストを与えて、収益を存分に貪ることを許した。当時の受領は、一定額さえ朝廷に納めれば、あとは民から好きなだけ収奪して自分の収入にできた。あまりにおいしいポストなので、受領は任期後もまた受領になれるよう、膨大な財産を院に進上した。それは、巨大な院御所や寺院の造営を何度も繰り返すために無尽蔵の財源を必要とした白河院を喜ばせ、代価として彼らは何度も受領に任じられた。

その政治システムが古い平安京の手に余り、新たな都市「京都」を必要としたのである。

藤原道長の法成寺——重要な建物が平安京の外に造られてゆく時代

「はじめに」で述べた通り、平安京と「京都」の物理的な違いの最たるものは、その領域である。平安京では、左京の四条《しじょう》（今の繁華街の四条通《どおり》）以北ばかりに人が住み、過密になって次第に土地が足りなくなった。かといって、右京（今の千本通《せんぼんどおり》である朱雀大路より西）や四条以南は、標高が低くて水害に弱いため、住みたがる者が少なかった。その結果、左京北部の住宅街が、北端の一条《いちじょう》大路（今の一条通《どおり》）や東端の東京極《ひがしきょうごく》大路（今の新京極商店街のあたり）を超えて、北や東へ拡大するという、強引な解決が図られた。

　そもそも、平安京は一度北へ拡張され、一条大路が二町（約二五〇ｍ）も北へ移転している（瀧浪貞子─一九八四）。〝本来の一条大路〟だった土御門《つちみかど》大路（今の上長者町通《かみちょうじゃまちどおり》）より北は、その時に拡張されて「北辺《ほくへん》」と呼ばれ（六七頁図2）、左京の「北辺」には摂関政治の権力者が集まった。すでに、藤原氏で初めて摂政となった藤原良房《よしふさ》の段階で、正親町《おおぎまち》小路（今の中立売通《なかだちうりどおり》）の北、東京極大路の西にあたる二町（一町は平安京の〝碁盤の目〟の一マスにあたる、約一二〇ｍ四方）もの広域に、彼の染殿第《そめどのてい》が営まれていた（『拾芥抄』中）。また藤原道長も、土御門大路（上東門《じょうとうもん》大路）に面して、東京極大路との交差点付近（恐らく上東門大路の南）に上東門第《じょうとうもんてい》を営んだ（『日本紀略』長和五年七月二〇日条）。左京の北端に摂関政治の権力者が好んで住んだ結果、多くの廷臣が追従してその地域に住んだ。

　さらに道長は晩年、その近辺に法成寺《ほうじょうじ》という巨大寺院を建立し、流れを決定的にした。その敷地は東西一町×南北二町の広大さで、北は土御門大路末《すえ》、南は近衛《このえ》大路末に面した（「〇〇大路末」は、京外の、〇〇大路の延長上の街路）。法成寺は、西側が平安京東端の京極大路に面している。つまり敷地全体が京外にあって、敷地の東端は鴨川の堤防のすぐ西にあった。その法成寺の中心として、道長の熱心な浄土信仰の場となった阿弥陀堂《あみだどう》は「御《み》堂《どう》」と呼ばれ、道長が後世「御堂殿《みどうどの》」、そして世界記憶遺産にもなった彼の日記が『御堂関白記』と呼ばれる由来になった（染殿第・上東門第・法成寺の位置は六七頁図2も参照）。

道長は治安《ちあん》三年（一〇二三）、この法成寺を造るために、羅城門《らじょうもん》の礎石《そせき》（建造物の重量を支える石）を抜き取って転用してしまった。羅城門は、平安京のメインストリート・朱雀大路の入口で、建前上、最も重要な門である。しかし、朱雀大路の主な使い道である外交儀礼はとうに廃れ、大嘗祭《だいじょうさい》など一部の儀礼でまれに使われるだけ、さらに右京に人が住まなくなった結果、朱雀大路が存在意義を失い、孤児・盗賊・牛馬のねぐらになっていた（『平安京はいらなかった』）。当時、羅城門は倒壊したまま約四〇年も放置されていた。それ自体、羅城門がなくとも誰も困らなかった証拠だが、道長はその礎石を抜き取り、意図的に羅城門の息の根を止めた。それは、平安京の本来の形に意味がある時代が終わった、という最高権力者の表明だった。次の時代がどうなるかは、礎石が転用された法成寺が象徴していた。今後、重要な建物は平安京の外に造られてゆく時代だ、と。

「京都」の誕生――白河院の白河開発と都の中心軸の東方シフト

かくして、権力者は右京や左京南部に目もくれず、権力を誇示する施設を京の外に、特に北や東に造っていった。ただ、左京のすぐ東には鴨川が迫る。法成寺の敷地は流路ぎりぎりで、それより南では鴨川が京内に食い込んでくるので、ほとんど土地を取れない。ならば、鴨川を超えて、東の広大な未開発地「白河《しらかわ》」を開発しよう、という話になってゆく。

白河の地は、今の平安神宮や京都市動物園の一帯にあたる。そこはかつて別荘地で、藤原道長の別荘があり、それを譲り受けた頼通が住んだこともある（『左経記』万寿五年三月二〇日条）。その土地を、頼通の子の師実から献上された白河天皇も開発意欲に燃え、法《ほっ》勝寺《しょうじ》を建立した。法勝寺の敷地は法成寺の倍で南北二町×東西二町もあり、二条大路末の東の果てに正門があった（図2・3）。これだけの土地は京外でなければ調達できない。

造営は、二〇歳で皇位に就いた三年後、父の後三条上皇の病死から二年後にあたる承保二年（一〇七五）に始まり、翌年に主要な建物ができた。さらに承徳二年（一〇九八）、高さ二七丈（八一m）に及ぶ前代未聞の八角九重塔《はっかくくじゅうのとう》が完成した（永保三年（一〇八三）に一度造られたが、傾いて倒壊するおそれがあったので造り直させていた）。

白河天皇は在位中から、寺院の巨大伽藍《がらん》の建造で天皇の権威を表現しようとし、この法勝寺を「国王ノウヂデラ（氏寺）」（『愚管抄』）と位置づけて、仏教界の中心とした。その結果、鴨川の東の白河に、最新式で最大規模の宗教空間（という形を取る、白河天皇の権

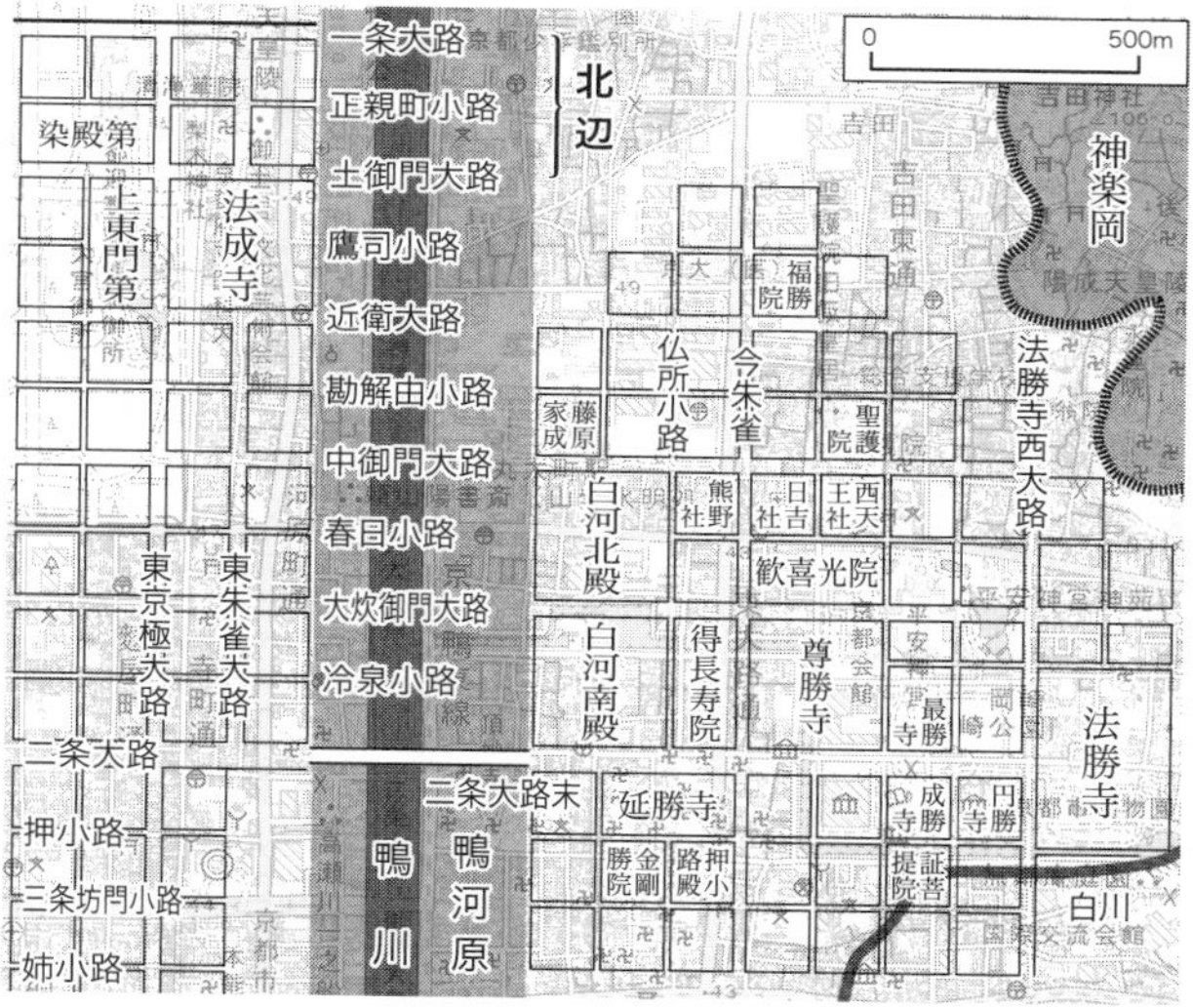

図2　白河と拡張された左京（山田邦和 2012 を加工）

図3　白河の全景（復元模型）

※以下、復元模型はすべて京都史歴史資料館所蔵・京都市平安京創生館展示

威を誇示する記念碑《モニュメント》）が出現した。建築技術の進歩は、高さによって権威を誇示したいという白河の要望に応え、化け物のような巨塔＝八角九重塔がそびえ立つことになった（図4）。この法勝寺へ至る二条大路末の沿道に、続く天皇や后たちが次々と寺を建て、すべて名前に「勝」の字を用いたので、六つまとめて六勝寺《ろくしょうじ》といった。それらが建ち並ぶ白河地域は、決して京の近郊や田舎ではない、鴨川の東へと拡大した都の一部だった。

かくして、摂関政治から院政期にかけて、京では右京が放棄され、本来は京の東端だった京極大路・鴨川付近を新たな中心軸として、西に左京、東に白河が広がる都市に変容した。それを象徴するのは、京極大路の東に新設された東朱雀大路《ひがしすざく》（六七頁図2）である。

本来、朱雀大路は、左京と右京の間を南北に分かつ平安京の中軸線だった（一〇頁図1）。ところが、朱雀大路はもはやその役割を果たせず、打ち捨てられた。その代わりに、左京と白河の間が新たに京の中軸になったので、それにふさわしく東朱雀大路が造られた。都の中心が東へずれたのである。その後、単に「朱雀」といえば東朱雀を指す場合が増え、源平合戦の頃までには、東朱雀を「朱雀」、本来の朱雀大路を「西朱雀」と呼ぶような本末転倒が起こるに至っている（『吉記』寿永二年七月三〇日条）。

京域の西半分を切り捨て、京域の外を主要な街区として取り込んだこの都市は、もはや

図4 法勝寺の八角九重塔（復元模型）

図5 法勝寺の八角九重塔の基壇跡（『リーフレット京都』269より）

平安京と呼べない。それがつまり、「京都」の誕生なのだった。

　白河天皇は、白河を開発して、最新で巨大な宗教空間へと仕立て上げたが、彼自身は平安京内の内裏に住んだ。最初の数年間は大内《おおうち》（大内裏《だいだいり》にあった本来の内裏）に住み、その後は高陽院《かやのいん》・六条殿《ろくじょうどの》・堀河院・三条烏丸殿《さんじょうからすまろどの》などの里内裏《さとだいり》（臣下の邸宅への仮住まい）を転々とした。高陽院はもと藤原頼通の邸宅（中御門《なかのみかど》大路の南、西洞院《にしのとういん》大路の西）、六条殿は承保三年（一〇七六）に新造した内裏専用の邸宅（六条坊門小路の南、高倉小路の西）、堀河院は摂関家代々の邸宅を流用したもの（二条大路の南、堀川小路の東）、三条烏丸殿は新造した内裏専用の邸宅（三条大路の北、烏丸小路の東）である（一九五頁の図8参照）。

　すべて京内で、白河天皇自身は京を出ていない。京は、天皇の宮殿に奉仕する廷臣・民のためにある都市なのだから、当然だ。そもそも、宮殿を出て京中の廷臣の家を転々とする里内裏というもの自体がおかしいのだが、百歩譲ってそれに目を瞑《つむ》っても、天皇の住宅が京の外に出てしまっては、もはや京の存在価値を天皇が全否定したことになってしまう。

天皇の都＋院の都――「遷都のような」白河院の鳥羽開発

　白河天皇もまた天皇である以上、その制約から自由ではなかった。しかし、彼自身が既存の京の束縛に抵抗したことは、承保二年（一〇七五）以降、壊れてもいない大内を去り、在位中に二度と戻らなかった事実から明らかだ。そして、応徳三年（一〇八六）に息子の堀河天皇に譲位して院政を始めると、ようやく彼は平安京から解放されて自由になった。

白河院は、譲位後もしばらく、在位中に使った六条殿に住んだが（『為房卿記』寛治元年八月四日条）、実は在位中から平安京の南郊に鳥羽殿《とばどの》という御所を造り始めていた（図6・7）。その領域は何と一〇〇町以上で、鳥羽殿より南も、伏見より北がすべて院領《いんりょう》（上皇の財源）とされるなど、桁《けた》外れの広さが占有された（『中右記』嘉保三年六月三日条）。

一〇〇町は約一・四四㎢だが、これを実感しやすい実例を探すと、東京都千代田区千代田の面積が約一・四二㎢で、ほぼ同じだ（東京都千代田区のWebサイト）。千代田区千代田は、皇居と皇居東御苑《ひがしぎょえん》とそれらを囲む濠《ほり》（内堀《うちぼり》）で構成されるので、内堀まで含めた皇居の広さを想像すれば、それが鳥羽の広さに等しい。現在、地下鉄で皇居の周りを一周しようとすると、日比谷・大手町・竹橋・九段下・半蔵門・永田町・桜田門・有楽町と七駅分進まねばならない（有楽町と日比谷の間は徒歩）。鳥羽の広大さが伝わるだろうか。

平安京の中で、住宅などに利用されて実際に稼働していた面積は、平安初期の天長《てんちょう》五年（八二八）段階で約五八〇町だった（『平安京はいらなかった』一五四頁）。その後の一世紀半であまり変わっていないとすると、白河院が開発した一〇〇町という面積は、平安京内の実稼働面積の約一七％に該当する。一度の開発面積としては、常軌を逸していた。

鳥羽では、院の御所の周囲に、在位中から親しく仕えた近臣全員が身分を問わず屋地を与えられ、その造営と一斉移住の様子は「宛《あたか》も都遷《みやこうつ》りの如《ごと》し（まるで遷都のようだ）」といわれた。何人もの近臣が受領を重任《ちょうにん》（何期も勤めること）して御所などの造営費用を捻出し、全国に造営費用を賦課し、南北八町×東西六町もある湖のような池を掘り、山を築いて美観を整えたという（『扶桑略記』応徳三年一〇月二〇日条）。工事は長引いたが、翌応徳四年（一〇八七）二月に鳥羽殿《とばどの》（南殿《みなみどの》）が完成して白河院が移住した（『百練抄』）。

「まるで遷都のようだ」とは、極めて重大な言葉である。桁外れの規模や、政権中枢に近い人々の大規模な移住と合わせて、鳥羽殿は実質的に、新たな都の造営に近かったのだ。

一二世紀末に平家が数ヶ月だけ実行した福原遷都を除けば、平安京は明治維新まで、一一〇〇年も唯一の都であり続けた、としばしばいわれる。しかし、右京は捨てられたも同然だったし、都に類する都市（鳥羽）が南に隣接して造られたのなら、それは都の機能を半分取られたのと同じだ。その意味で、鳥羽の造営は確かに、半分遷都だったのである。

白河院が平安京を完全に捨てず、左京と鳥羽殿で一体的な都市を形成したのは、院政の

図6　鳥羽殿（山田邦和 2012 を加工）

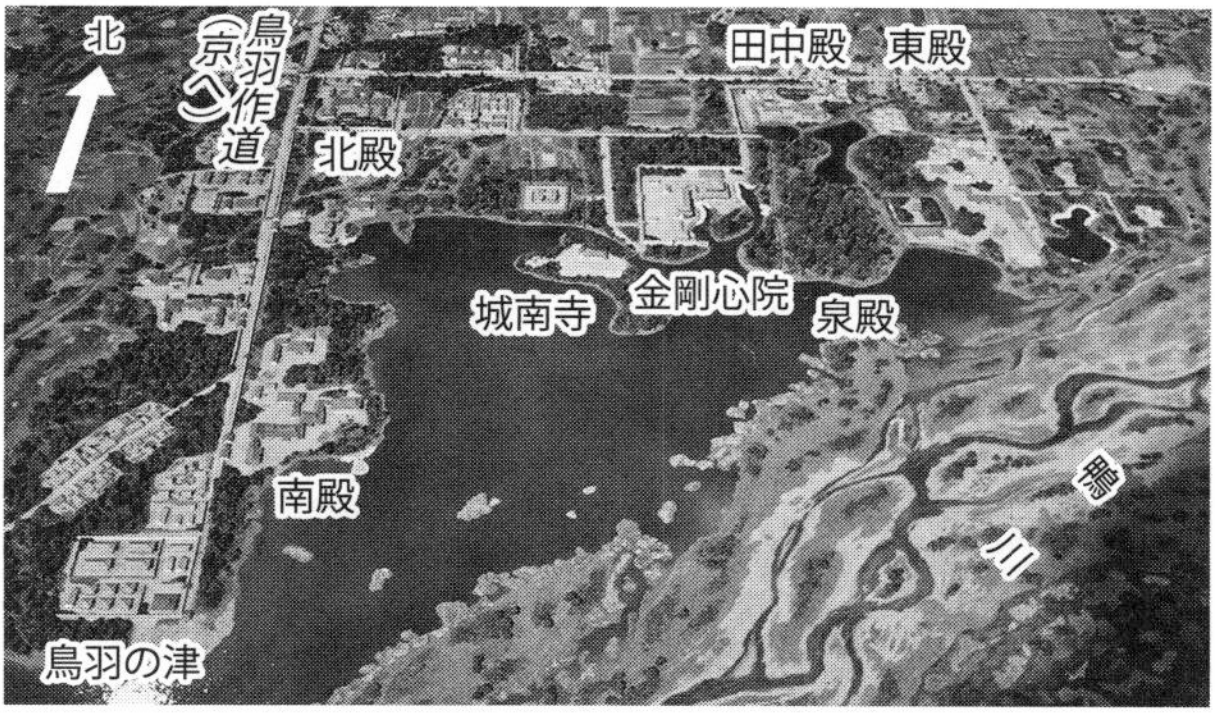

図7　鳥羽殿の全景（復元模型）

権力が所詮、天皇の後見人（父）としての権力だったからだろう。院は天皇を捨てられず、天皇は平安京を捨てられないのだから、院政もまた平安京を（部分的ながら）温存するしかないのだ。その結果、平安京（左京）と鳥羽殿は併存し、機能を分担することになった。いわば〝天皇の都〟の隣に〝院の都〟を造り、両者が連動して効果的に院政を支えたのである。平安京（里内裏）と鳥羽殿（院御所）は、どちらも同等に重要であり、両者が癒着して一つの京として機能した。これこそが、院政期に生まれた「京都」の最初の姿である。

城南寺祭の流鏑馬と競馬

鳥羽が京の機能を継承していた証拠が、城南寺《せいなんじ》の祭礼である。城南寺は、鳥羽が白河院によって開発されて以降、城南寺祭《せいなんじのまつり》という祭礼の場となった。祭の式日は九月二〇日で、康和《こうわ》四年（一一〇二）の同じ日や長治元年（一一〇四）の前日に白河院が見物した城南寺明神御霊会《みょうじんごりょうえ》は、その原型だろう（『中右記』）。城南寺は寺だが、祭礼は明神を祀《まつ》る御霊会だった。御霊会は荒ぶる怨霊を鎮めて守護神に転化させる祭なので、祇園御霊会（今の祇園祭）と同様に、本来は疫病をもたらす神を祀って流行病を防ぐ祭だったかもしれない。

その祭礼は天仁《てんにん》二年（一一〇九）以降、「城南寺祭」という名で記録に現れ始めるので、この頃から白河院の桟子入《てこい》れで性質が変わったようだ。白河院はその年、「馬場殿《ばばどの》」で祭礼を見物した（『殿暦』）。それは、鳥羽という田舎の一神社の祭礼だった城南寺明神御霊会を、〝院政の都〟というべき鳥羽の、国家的祭礼へと造り替える第一歩だった。

ところで、「馬場殿」は馬術関係の技芸を見物する建物だが、城南寺祭で白河院は馬場殿から何を観覧したのか。それは天承《てんしょう》元年（一一三一）以降、記録上に明らかになる。その年の祭を記録した源師時《もろとき》の日記『長秋記《ちょうしゅうき》』によれば、院は「以武佐女《いぶさめ》」を見物した。師時は、行事の名を漢字に変換できなかったのだが、それは初めて聞いた言葉だったからだろう。そのイブサメでは、受領や武士が「射手《いて》の人」を提供し、彼らが馬を馳せて、「三つの的」を射て的中を競ったという。そのような競技で名前が「イブサメ」と聞こえるものは、流鏑馬《やぶさめ》しかない。事実、師時は翌年の城南寺祭では「流鏑馬」と正しく記している。その記事によれば、院の北面《ほくめん》の武士（白河院が創始した、院に直属して仕える武士）や衛府の武官の郎等（従者）が、祭礼で流鏑馬の成績を競ったという。

康治《こうじ》元年（一一四二）には、競馬《くらべうま》の記録が見え始める（『台記』）。競馬は、二人の騎手が相手を妨害しつつ先着を競う、早さと技術を求める競走である。翌康治二年には、流鏑馬と競馬の両方が行われたが、久安《きゅうあん》二年（一一四六）には「競馬無し。流鏑馬有り」と記録されていて（以上『台記』）、流鏑馬だけ行う場合もあった。また仁平元年《にんぴょう》（一一五一）には、競馬だけ行われた（『本朝世紀』）。揺れがあるが、必ずどちらかは行われたようだ。

五月五日騎射（五月会）に代わる院政の国家的練武・流鏑馬の登場

重要なのは、これらの行事が朝廷の年中行事に由来することである。古代中国では、三月三日、五月五日、七月七日、九月九日など、奇数月で月と日の数字がゾロ目になる日を、特別な意味がある節目の日＝「節日《せちにち》」とする迷信（暦を造る天文学とは実は無関係の、民間信仰的なもの）が広く信じられ、宮廷でも様々な（雑多な）行事が行われた。

それらの節日に、いつしか「練武《れんぶ》（軍事教練）」が結びつき、軍事演習や騎射術の披露会が行われた。ただ、なぜか中国人は、五月五日（端午《たんご》の節日）だけは練武と結びつけず、その日は菖蒲《しょうぶ》や薬玉《くすだま》を軒に飾って、疫病をもたらす神を追い払うだけだった。

一方、わが国は、六世紀末から遣隋使を派遣し始め、中国的な思想や価値体系を大幅に取り入れ、わが国固有の習俗と配合《ブレンド》して、独自の年中行事の体系を作り始めた。そして不思議なことに、中国人が決して練武・騎射を行わない五月五日の端午の節日に、騎馬で鹿を狩って角（いわゆる薬用の鹿茸《ろくじょう》）を採る、「薬猟《くすりがり》」という行事を生み出した。

薬猟は推古《すいこ》天皇の時代（六世紀末〜七世紀初頭）に出現し、すぐに廃れる。しかし、五月五日に騎射・練武を行う習慣は飛鳥・奈良時代を通じて根づき、天皇が大内裏の観覧席で衛府の騎射芸を観る「五月五日騎射《うまゆみ》」の行事が平安遷都までに確立した。この行事は次第に発展し、五月五日に騎射、六日に競馬を行う形式に落ち着き、「五月会《さつきえ》」と呼ばれた。

ただ、摂関政治が始動した九世紀半ば頃から天皇は五月会に参加しなくなり、そのまま廃れてしまった。絶滅の危機に瀕した五月会は、二つの形に変化して存続した。一つは、選抜・練習のための予行演習（一度目を荒手結《あらてつがい》、二度目を真手結《まてつがい》と呼ぶ）だけが残ったもので、平安末期には五月三・四日に荒手結、五・六日に真手結を行う形で、五月会の名残をとどめた。もう一つは、院や摂関家の住居で個人的に開催された、五月会に似た行事で、本式の五月会に遠慮してか「小五月《こさつき》（会《え》）」と呼ばれ、次第に娯楽的になってゆく。

その中で一一世紀の末に、都に突如として流鏑馬という弓馬芸が出現し、小五月に取り込まれた。流鏑馬と小五月は強く結合し、一二世紀後半に後白河《ごしらかわ》法皇が京都に創建した新日吉《いまひえ》社（二三五頁以下で後述）でも、小五月会という祭礼で流鏑馬が行われた。

流鏑馬が都で生まれたという説や、都に近い村落の技芸に由来するという説があるが、どちらも証拠がない。流鏑馬の正体を、信頼できる証拠に基づいて解き明かした研究は、私が知る限りまだ一つもない。流鏑馬は、正体不明の技芸なのである。

流鏑馬が京で生まれた由緒正しい技芸でないことは、源師時が「ヤブサメ」を聞き取れず、漢字変換もできず、何となく聞き取ったままに「以武佐女《いぶさめ》」と書いた事実から明らかだ。登場からしばらく、多くの人が流鏑馬を宛字で書いた。京では当初、身分を問わず、流鏑馬など誰も知らず、誰も漢字変換できなかった。京では、流鏑馬は明らかに外来語であり、京から遠く離れた地方で生まれたことが確実だ（どこでどう生まれ、どう京へと伝わってきたかは、いずれ機会を得て解明したいと考えている）。

さしあたり重要なのは、流鏑馬が一一世紀末、つまり白河院政期に突然登場した新しい技芸であること、そして登場するや否や、白河院や摂関家が主催する小五月に取り入れられたことである。その白河院が開発した鳥羽で、城南寺祭に流鏑馬が登場するのは、どう見ても同じ流れの一部であり、白河院の差し金に違いない。

となると、城南寺祭の流鏑馬や競馬は、単なる娯楽ではない。それは、かつて朝廷の年中行事だった、国家的な軍事教練の五月会（五月五日騎射）の系譜を引く行事である。朝廷で五月会が廃れたのは、衛府の衰退と関係があるだろう。近衛府や兵衛府は平安中期までに使い物にならなくなり、天皇の膝元の京中の治安さえ守れない有様だった。その近衛府と兵衛府こそ、五月会で騎射や競馬を行う主役だった。ならば、五月会で毎年定期的に、騎射や馬術の演習を行わせる機会が意味を失ったのは当然である。

平安京を補完する鳥羽、国家を補完する院政

では、意味も担い手も失った五月会が、なぜ院や摂関家で（形を変えつつ）存続できたのか。そして、近衛府や兵衛府が担えない騎射を、誰が担ったのか。答えは、京の治安維持と同じだ。衛府に期待できない武力は武士に期待され、武士が投入されたのである。

院や摂関家で小五月が行われ始めた頃、すでに武士は大いに社会的認知を得ていた。そして武士は、滝口として京中の治安も担い、院や摂関家に出入りして小五月の射手《いて》も担った。それらの延長上にある院・摂関主催の流鏑馬もまた、武士が担ったのは当然だった。

正確にいえば、実際に騎射する射手は、武士の郎等から提供された。源師時が「以武佐女」と書いた天承元年（一一三一）の城南寺祭の流鏑馬で、敦身二郎正弘《あつみのじろうまさひろ》という美濃《みの》出身の騎射の名手を提供した源重成《しげなり》は、清和源氏（源満正《みつまさ》の子孫）の武士だった。

流鏑馬は、役に立たない古来の衛府に代わって、新興の武士が朝廷の騎射術を担い、代表するようになった象徴である。天皇主催の年中行事である五月会の騎射は、白河院の開

発した鳥羽で、院主催の年中行事で、武士を担い手として甦《よみがえ》った。従来の朝廷や天皇のあり方で担えなくなった国家的事業を、院政という新時代の権力が肩代わりして担い始めた。武士が衛府を補完し、院政が天皇制を補完し、鳥羽が平安京を補完したのである。

白河院の時代、天皇や平安京は、院や鳥羽の補完を必須とし、院政も含めた政治体制の全体が天皇制、鳥羽も含めた一連の都市域全体が「都」なのだった。その意味で、鳥羽は京の機能を継承しており、都の一部と見なすべきだ。そして、鳥羽に補完されて初めて満足に都の機能を果たせる平安京は、もはや都の一部にすぎない。鳥羽と平安京が癒着して相互補完するこの新しい都のあり方こそ、中世人が「京都」と名づけた都市である。

「京都」の誕生――「京都」が日常語になった院政期

「京都」という言葉自体は古い。奈良時代初期の養老《ようろう》四年（七二〇）に完成した『日本書紀』は、何度か都を「京都」と表記している（天智《てんじ》天皇五年是冬条）。続く正史の『続日本紀《しょくにほんぎ》』も同様で、天平《てんぴょう》一二年（七四〇）の恭仁京《くにきょう》の造営を「始めて京都を作る」、翌年の恭仁京遷都を「京都、新たに遷《うつ》る」、恭仁京での宅地の班給を「京都の百姓に宅地を班給す」と書いている。それらは『続日本紀』が完成した桓武朝の感覚を反映した可能性があるが、天平神護《てんぴょうじんご》元年（七六五）に謀反の疑いで拘束された和気《わけ》王に対する称徳《しょうとく》天皇の詔《みことのり》に「京都に召上《めしのぼせ》て」とあるので、確かに奈良時代に使われた言葉である。桓武自身の長岡京遷都も「新たに京都を遷《うつ》す」と書かれ（延暦五年五月三日条）、その後の正史を見ても、詔で都に言及する時には、「京都」という言葉を使った事例が少なくない（『日本後紀』延暦二四年二月一〇日条、天長四年二月二六日条、『三代実録』貞観一六年閏四月七日条など）。

太政官符《だいじょうかんぷ》という公文書の中でも、天長三年（八二六）や寛平《かんぴょう》三年（八九一）のものに「京都に留まる」、嘉祥《かしょう》二年（八四九）のものに「かの備中《びっちゅう》国は京都に近し」といった表現がある（『類聚三代格』五、一九、一四）。『延喜式《えんぎしき》』（弾正台）という法令にも、「凡《およ》そ京都の踏歌《とうか》は一切禁断す（平安京内では踏歌〔動きの激しい踊り〕は全面禁止）」とある。

このように、「京都」という言葉は奈良時代から院政期まで使われたものの、正史や詔・法令など、正式で格式張った文章に限られていた。一〇世紀に入って、天皇や廷臣が日記を書き始めても、しばらく「京都」という言葉が使われた形跡は全くない。「京都」は日常語ではなかったのだろう。古い日記で唯一「京都」の語が見えるのは、私が知る限り一例だけで、しかも「京都」が外国（高麗《こうらい》）の都を指す事例だった（『小右記』寛仁三年六月二一日条）。平安京を日常的に「京都」と呼ぶことは、摂関政治期までなかった。

「京」も「都」も訓読みではミヤコであり、日本語では実質的に同じ意味の字だ。「京都」は同じ意味の字を重ねた、格好をつけるための雅語にすぎず、日常語としてはまどろっこしい。ミヤコを漢字で書くなら、「京」や「都」の一文字で困らなかったのである。

ところが、白河院政期から、突如として様相が変わる。東京大学史料編纂所が公開している「古記録フルテキストデータベース」で調べると、寛治元年（一〇八七）～保延《ほうえん》四年（一一三八）に書かれた藤原宗忠の日記『中右記《ちゅうゆうき》』に二三回も、そして同じ時期に書かれた関白藤原師通の日記『後二条師通記《ごにじょうもろみちき》』にも四回、「京都」という言葉が見える。どうやら、白河院政期に急速に、「京都」は朝廷の日常レベルの言葉として流行したようだ。

宗忠は「京都・諸国を論《ろん》ぜず（京都か地方かを問わず）」とか、「京都・外国《げこく》（京都とその他の国々）」という表現を用いた（長治元年一〇月七日条、六月二四日条）。日本の国土を〈京都＋地方〉に二分する国土観が、この頃、急速に一般化しつつあったことがわかる。

宗忠が初めて「京都」という言葉を使った寛治六年（一〇九二）、すでに白河院の拠点として鳥羽の開発が進められていた。したがって、宗忠が「京都」という時、それは単なる平安京ではなく、それと一体化した鳥羽に機能を補完されていた都市全体を指している。従来の平安京と等しかった「京」と違い、もはや平安京に収まらなくなったミヤコを呼ぶ言葉が必要になり、「京都」という雅語が転用された可能性が高いのである。

白河院の画期性――鳥羽を都市全体として構想・開発

白河院の鳥羽開発が真に画期的だったのは、従来の摂関政治の権力者のように権力者の住居や儀礼空間だけを造らず、近臣や都市民の居住する都市機能まで含んだ一つの都市全体として、鳥羽を構想した点にある（大村拓生―二〇〇〇）。白河院は、平安遷都以後初めて、〈一つの都市域全体を開発しよう〉と考えた人物だった点で、画期的なのである。

そうした方向性は、すでに白河地域でも同様に発揮され、法勝寺を核に白河は急速に発展した。ここで、白河地域の開発の歴史を振り返っておこう。

嘉保《かほう》二年（一〇九五）五月頃から、白河院は法勝寺の西の、覚円《かくえん》という高僧の住居だった場所を御所に使い始めた（『中右記』）。これが「白河泉殿《いずみどの》」という院御所で、法勝寺参詣の際にしばしば滞在し、鳥羽と同様に院政の拠点として使われ始める。そして永久三年（一一一五）一一月、白河泉殿は平正盛《まさもり》の手で本格的な院御所として新造され、院が「移《い》徙《し》」した（『百練抄』）。移徙は本宅（本拠地の邸宅）の移転を宣言する儀礼なので、白河院は「鳥羽から白河へ院政の本拠を移す」と宣言したのである。さらに三年後の元永《げんえい》元年

（一一一八）七月、白河泉殿の北隣に広大な邸宅が造られて「白河北殿《きたどの》」と呼ばれ（『中右記』）、従来の白河泉殿は「白河南殿《みなみどの》」と呼ばれて、二つで一対の巨大な院御所になった。

その間、堀河天皇が康和四年（一一〇二）に建てた尊勝寺《そんしょうじ》を皮切りに、鳥羽上皇が元永元年に最勝寺《さいしょうじ》を、崇徳《すとく》天皇が保延五年（一一三九）に成勝寺《じょうしょうじ》を、近衛天皇が久安五年（一一四九）に延勝寺《えんしょうじ》を、鳥羽天皇の皇后・待賢門院《たいけんもんいん》が大治三年（一一二八）に円勝寺《えんしょうじ》を建てた。それら五つと法勝寺を合わせて「六勝寺《ろくしょうじ》」という。六勝寺は御願寺《ごがんじ》、つまり上皇・天皇のため（特に死後の成仏）の個人的な祈禱所であると同時に、院近臣の受領の財力で造営し、大規模な国家的宗教行事を行って院政の権力を誇示する場となった。

平安京の外を開発する理由——京中仏閣禁止令

白河院はそうした都市を、なぜ京の外に新しく構想したのか。その莫大な資力を平安京の再興に投じ、白河や鳥羽に造った絢爛《けんらん》豪華な施設（御所・伽藍《がらん》）を平安京に建設すれば、平安京単体で復興を遂げ、中世「京都」に転生できたかもしれないのに、と考えたくなる。

しかし、あの施設群を京内に造るのは無理だ。一つには単純な土地不足だが、より根本的な制約が平安京にはあった。「はじめに」で述べた、〈平安京内に仏教施設を造ってはならない〉という法的制約である。

延暦《えんりゃく》二年（七八三）、桓武天皇は長岡京遷都に向けて「京畿《けいき》（京と周辺地域）」で「私《わたくし》（個人的）に道場を立て」るのを禁じた（『続日本紀』六月一〇日条）。「道場」は仏教施設で、寺（僧が所属する。平安初期までは寺も僧も朝廷の公認が必要）もそれ以外も含む。当時の言葉なら「堂舎《どうしゃ》（堂）」、現代語なら〝仏閣〟と呼んでもよい。平城京を捨てた桓武は、新たな京の中に仏閣の存在を望まなかった。この〝京中仏閣禁止令〟は平安京に遷都しても撤回されなかったが、次第に骨抜きにされて有名無実になった。

その空文化した禁令を三世紀ぶりに厳しく徹底したのが、白河院だった。白河院は寛治元年（一〇八七）、京職《きょうしき》にこう命じた。「近年、禁令を破って左京・右京に多くの堂舎が建てられているが、規律違反で容認できないので、京職と検非違使は今後厳しく禁止・摘発せよ」と（『本朝世紀』『為房卿記』八月二九日条）。

〈京中に仏閣を造ってはならない〉という根本ルールが存在したことは、極めて重要だ。その中で、東寺と西寺《さいじ》だけは例外的に、国家の寺として認められていた（西寺は早くに廃れた）。それらは、平安京の南の入口、正門である羅城門を入ってすぐ両脇にあった。東寺は正式な寺号を「教王護国寺《きょうおうごこくじ》」という。「王（天皇）を教え導き国を護る寺」であり、寺の存在意義をこれ以上なく明瞭に語っている。寺の長の東寺長者《ちょうじゃ》は様々な寺院から交代で選ばれ、特定の寺院・派閥に独占させなかった。役所と同じ官僚制の原理で完全に国家の制御下に置いたのであり、東寺も西寺も国家の一部、平安京の一部だった。

東寺と西寺は、国家のために仏教を盛り上げる、鎮護国家仏教そのものだった。そして、平安時代の朝廷は、京には鎮護国家仏教の寺しかいらない、と考えた。桓武が平安京を造る二〇年ほど前に、称徳天皇が道鏡《どうきょう》に皇位を譲ろうとし、国家が僧侶に乗っ取られかけたことが、大きな反省としてあっただろう。朝廷が古巣の大和と訣別して、辺鄙《へんぴ》な山城（山背）国という田舎へ引っ越して新しい都を造ったのも、平城京に絡みついた寺院勢力、特に平城京と地理的に癒着してしまった東大寺や興福寺などの大寺院を、平城京ごと朝廷から切り離す意味がある。その平安京に、また多数の寺院を抱え込むはずがなかった。

寺は隠棲地なので京中にないのが当然

しかし、一方で平安時代は、天皇や廷臣の個人レベルの仏教信仰が過熱してゆく時代でもあった。権力や財力のある者が、無闇やたらと寺や堂を造りたがる時代が到来していた。その欲求は、当初は京の外で発散された。初めて法皇（出家した上皇）となった宇多《うだ》法皇は、仏道修行に励み、仏教の教説を書き著し、一三人も弟子を取って仏法を伝承し、その法系《ほうけい》（教説の系統）は広沢《ひろさわ》流・小野《おの》流として後代まで伝わった。その宇多法皇は仁和寺《にんなじ》で出家し、大覚寺《だいかくじ》で灌頂《かんじょう》（仏との縁を結んで頭頂部に水を灌《そそ》ぐ仏教儀礼）を受けた。

仁和寺も大覚寺も、京から離れた西の郊外である。仁和寺は宇多自身が父・光孝《こうこう》天皇のために建立した寺で、宇多の個人的信仰のよすがという側面が濃い。大覚寺はもと「嵯峨《さが》院」という後院《ごいん》（天皇の退位後の住居）で、嵯峨上皇が退位後に愛用した。その一部を、嵯峨天皇の娘で淳和《じゅんな》天皇の皇后だった正子《まさこ》内親王が、寺院に改めたのである。また嵯峨院の跡地には、嵯峨天皇の皇后の橘嘉智子《たちばなのかちこ》が檀林寺《だんりんじ》を営み、嵯峨天皇の子の源融《みなもとのとおる》の住居「栖霞観《せいかかん》」もあり、融の死後に栖霞寺という寺院に改められ、後に清凉寺になった。嵯峨の開発は、天皇家の人々が寺を次々と造ることで進展した。

その後、一〇世紀後半に醍醐《だいご》天皇の皇子兼明《かねあきら》親王が嵯峨に別荘を設けると、嵯峨は隠棲地として注目され始め、廷臣の別荘地となった（鎌倉時代初期に、小倉《おぐら》百人一首が選ばれた藤原定家《ていか》の小倉山荘も嵯峨にある）。嵯峨の開発が天皇の後院、つまり天皇の隠居所の開発として始まったように、嵯峨は本質的に隠居所であり、次々と造られる寺院も、引退した天皇・皇族・廷臣らが仏道に専念する場だった。そうした隠居所としての寺が、京中にある必要はない。むしろ、京は天皇が帝王として君臨する場所であり、臣が官僚として出勤すべき場所、いわば現役の人々のための場所なので、隠居所はあるべきでない。

〝この世担当〟の平安京と〝あの世担当〟の白河

ところが、摂関政治の最盛期頃、一〇世紀後半に源信《げんしん》が現れてから、宮廷社会で浄土教が大流行した。浄土教は、阿弥陀如来《あみだにょらい》の救いにすがって極楽浄土に往生しようという、他力本願の教えである。浄土教の成仏は、極楽浄土という安楽な場所の永住権であり、他力本願なので面倒な修行抜きに成仏が約束されているとあって、大流行した。

これが、権力者たちの心を捉えた。権力を極めた者が最後に願うのは不老長寿であり、その限界を悟った時に、最後の最後に願うのは死後の安楽だ。だから、藤原道長が造った法成寺の中核の「御堂《みどう》」は阿弥陀堂《あみだどう》（阿弥陀如来像を安置して祈る専用の堂舎）だった。「阿弥陀如来にすがって極楽往生したい」という想いを最大限に表現するためだ。息子の頼通が造り、一〇円玉に刻まれて誰もが知っている宇治の平等院鳳凰堂《びょうどういんほうおうどう》も、阿弥陀堂である。後に、平正盛が白河院のために造った堂も「白河新阿弥陀堂」だった。

白河院やその後の天皇・上皇・皇族らが、白河地域にこれでもかと絢爛豪華な巨大寺院を造営したのは、立派な寺を造れば造るほど、阿弥陀様に必死にすがったことになり、極楽往生が確実になると信じられたからだ(それは、他力本願という教えと完全に矛盾しているのだが)。

仏像や仏堂を造営すれば、死の克服は容易になる、と信じられ始めると、猫も杓子も堂を造るようになった。白河院は、自分の地位に相応しい巨大伽藍を白河という別荘地に開発したが、それほどの規模を必要とせず、それほどの財力もない者は、自分の家の敷地内に、自分の資力に応じた持仏堂《じぶつどう》(仏像を安置して持《たも》つための堂)を造り始める。京中仏閣禁止令があったはずだが、ことが個々人の信仰心、それも〝死の克服〟という何より重要な目的に根差したため、堂の建立ラッシュはルールもお構いなしに進行したようだ。

その流れを食い止めるべく白河院が定めたのが、前述の、寛治元年(一〇八七)の京中仏閣禁止令の再確認と厳格な運用だった。法勝寺の造営開始から一二年後なので、これは仏教的空間を白河に集約し、京には一切仏教色を残さないという、京と白河の色分けを意図した法制である。現世の政治を見つめる天皇の京と、死後の極楽往生を見つめる法皇の白河地域、という役割分担が明らかだ。「京都」では、〝この世の生活のためにある京〟と〝あの世の生活のためにある白河〟が、鴨川を境に綺麗に役割分担していたのである。

東寺が健在なのに、白河・法勝寺という宗教空間が別途必要になるのはなぜか。そこにこそ、白河院が天皇在位中に法勝寺を造営し、「国王の氏寺」と位置づけた事実の核心がある。それまで、天皇にあったのは国家を護る寺ばかりで、氏寺、つまり自分や子孫の後生安楽のためだけの寺がなかった。白河院が目指した、君主個人の人格が最大限に前面に出る政治の出現で、天皇（一家）はようやく自分個人の寺を持てるようになったのだ。

「寺ではなく堂だ」という京中仏閣禁止令の抜け穴

もっとも、後生の安楽を願う廷臣の切望はルールでねじ伏せられず、京中には堂舎が次々と建てられた。京中仏閣禁止令はやすやすと無視されたが、それでも申し訳程度に最後の一線を引いて、京中に「寺」を造るほど法を蹂躙《じゅうりん》していない、という姿勢が見られた。

その種の施設で最も古いのは、六角堂《ろっかくどう》だろう。今の六角通《どおり》に名を残す「六角小路」の由来となった、底面が六角形の珍しい仏堂が、今でも繁華街の四条烏丸より少し北にある。場所は動いておらず、明白に平安京の内側に位置している。一〇世紀末頃に何者かが個人の堂を造り、それが「六角堂」として有名になって以来、この施設は常に「六角堂」と呼ばれた。今では「頂法寺《ちょうほうじ》」という立派な寺号があり、遅くとも室町時代の応永《おうえい》二五年（一四一八）までに「僧坊《そうぼう》（僧の住居）」ができて僧が常駐し、園城寺《おんじようじ》の末寺となって、しかも聖護院《しようごいん》と結託して園城寺と争うほどの立派な寺院と化していた（『康富記』七月二六日条）。

しかし、それでも古代・中世を通じてこれを「頂法寺」と呼ぶ者はほとんどなく、誰もが「六角堂」と呼んだ。そこが重要で、「どれだけ立派で著名でも、これは寺ではなく単なる持仏堂（仏像置き場）だ」と主張するために、「六角堂」と呼ばれ続けたと考えられる。

六角堂には、平安遷都以前の飛鳥時代の、聖徳太子の頃からこの地にあった、という伝承があって、寺の公式アナウンスもそうなっている。しかし、残念ながら、それは寺院によくある、由緒の古さを水増しして権威づけるための誇張らしい（古代以来、そうした由緒の創作は枚挙に遑《いとま》がない）。一〇世紀末以前に、この寺（堂）の存在を確認できる記録上の証拠はなく、考古学的にも平安時代より古い寺院遺構は確認されていない。

平安京のすぐ北や西には、北野の野寺《のでら》（北野廃寺《きたのはいじ》）や太秦《うずまさ》の広隆寺《こうりゆうじ》（蜂岡寺《はちおかでら》）のように、本当に飛鳥時代からあったらしい寺があった。野寺も蜂岡寺も聖徳太子ゆかりの寺であり、それに加えて、中世に聖徳太子信仰がかなり流行したので、似た伝承を創作しても信じられやすい、と考えられたのだろう。六角堂の場合、それに加えて「京より先にあったので、京中仏閣禁止令を破っていない」と主張したい、という動機もあった可能性が高い。

もう一つ、京中の有名な堂に「因幡堂《いなばどう》」がある。因幡守だった橘行平《ゆきひら》が、因幡国で不思議に入手した薬師如来像を長保《ちょうほう》五年（一〇〇三）に安置した仏堂なので、因幡堂という。「平等寺」という寺号があることになっているが、古代・中世でそう呼ぶ者はなく、室町時代になっても「因幡堂」と呼ばれていた。五条の北、東洞院《ひがしのとういん》の西にあり、今でもそこにあって、見た目はどう見ても寺だが、「堂」だといい張ってきた。

それら京中の寺院的施設は、「〇〇堂」と名乗り続けることによって、寺ではないと主張し、禁令無視の度合いを弱めた（つもり）と考えられる。そうした既存の「堂」は若干大目に見つつ、白河院は〈平安京と白河で、現世と来世を分担する〉構想を徹底した。白河院は、白河地域の外で、仏教が勝手な動向を見せることを嫌い、自分の手中で制御したかったのだろう。白河院がそう強く望んだのは確かで、そのことは、院が自分の思い通りにならない三つのこと（いわゆる天下三不如意《さんふにょい》）に、「山法師《やまほうし》（延暦寺僧の嗷訴《ごうそ》）」を挙げたという伝承から窺い知ることができる。山法師の話は第四章で改めて述べよう。

「京都」＝秩序の場（平安京）＋君臨の場（鳥羽）＋極楽往生の場（白河）

以上の通り、白河院の作り上げた「京都」とは、次の三つの地域の複合体だった。

①平安京の残骸……秩序の場（天皇が、この世の秩序の形を司る場）。
②鳥羽…………君臨の場（院が、この世の政治を取り仕切る場）。
③白河…………極楽往生の場（院以下の皆で、あの世の快適な生活を願う場）。

このような複合的な形態は、古いパソコンと似ている。コンピューターは、買って数年も経つと役立たずになる。新世代のソフトウェアを動かすには、メモリー（記憶媒体）の容量やCPU（中央演算処理装置《プロセッサー》）の計算能力が足りなくなるからだ。しかし、メモリーを買い足し、計算能力を外部から継ぎ足すユニットを買って増設すれば、まだ使える。

平安京は、いわば時代遅れのコンピューターだ。完成した当時は最新鋭のマシンだったが、部品の半分（右京）は、最初から一度も活用されたことがない無駄な部品だった。そこでその半分を捨て、必要な部品を増設することにした。古いOS（天皇制）のあり方に縛られない、最新のOS（院政）を走らせるのに適したハードウェアとして、鳥羽を用意し、平安京に増設した。その鳥羽で、最新OSにふさわしい最新のソフトウェア（国家的行事）として、流鏑馬が実行されることになった。

また、古いOSやマシンの設計時には、これほど重要になると思わなかった機能が、今や必須だった。仏教である。最新のソフトウェア（最先端の大規模な仏事）を大量に効率よく実行するために、専用のハードウェアが必要になったので、巨大寺院《プロセッサー》ばかりがひたすら建ち並ぶ白河が用意された。そのように理解してみると、しっくりくる。

〈天下＝京都〉の謎

実は、この時期に姿を現し始めたのは、「京都」だけではない。京都と関係する極めて重要な概念が、記録の上にはっきりと痕跡を残し始める。それが「天下」である。

何を今さら、と思われるだろう。その通り、確かに「天下」という言葉は、遅くとも五世紀の獲加多支鹵大王《わかたけるのおおきみ》（倭王武《わおうぶ》＝雄略《ゆうりゃく》天皇）の時代からある。しかし、ここで述べたいのは、「天下」の意味が変わり、京都と直結した、という話だ。

白河院政期の天永《てんえい》四年（一一一三）、奈良の興福寺の大衆《だいしゅ》（下級僧侶）が嗷訴を起こし、京都へ進撃を始めた。白河院はただちに、平正盛（清盛の祖父）をはじめとする武士を召集し、防戦させた。正盛たちは京都南方の郊外の宇治まで出撃し、嗷訴を迎え撃った。正盛については第三章で、また嗷訴と武士については第四章で詳しく述べるが、今ここで重要なのは、この合戦がどう記録されたかだ。私は藤原宗忠の日記『中右記』を精査するうちに、興味深い事実を発見した。合戦があった四月三〇日の日記である。重要なことなので、記録の本文を読み下して示そう（二ヶ所のキーワードに傍線・波線を引いた）。

今日申《さる》の時許《ばかり》、南京の大衆、宇治の一坂の南原の辺《わたり》に於《おい》て、京の武者と已《すで》に合戦す。

「今日の申刻《さるのこく》（午後四時）頃、奈良から出撃した興福寺の大衆が、宇治の一坂の南原という場所のあたりで、京から出撃した武士ともう合戦を始めた」という意味だ。これだけならありふれた嗷訴の記録で、どうということでもない。しかし、私は宗忠が、同じ日の日記に、同じ出来事を別の表現でもう一度書き記していたことに気づき、そして二つの記述を比較した。すると、両者の間で微妙に表現が違うことに気づいた。その本文も掲げよう。

武士丹後守《たんごのかみ》正盛以下、天下の武者・源氏・平氏の輩《ともがら》、皆、南京の大衆を禦《ふせ》がんが為に宇治の一坂の辺に遣《つか》はす所なり。

「平正盛を筆頭とする源氏・平氏の武士を中核とする天下の武者たちは、全員、奈良の興福寺の大衆の進撃を防ぐため、宇治の一坂のあたりに派遣された」という意味になる。二つの記述を対比すると、明らかに傍線部同士、そして波線部同士が対応している。「京の武者」と「天下の武者・源氏・平氏の輩」は、間違いなく同じ人々のことだ。そして、傍点部と二重傍線部が、やはりそれぞれ対応して同じものを指している。

ここでいう「天下の武者・源氏・平氏の輩」は、〝全国出身で当時在京していた武士〟

という意味ではない。嗷訴に対応させるために、全国から武士を召集した形跡が皆無だからだ。この時に限らず、嗷訴は常に、その時たまたま京にいた武士だけで防衛された。

すると、奇妙なことが起こる。何かというと、「京」と「天下」の関係についてだ。「天下統一」「天下一品」「天下無双」などというように、普通、「天下」は〝全世界〟や〝全国〟を意味する。現に、国語辞典や漢和辞典を調べても、「天下」にはその意味しか載っていない。ところが、右の記録でいう「天下」は、どう考えても〝全世界（全国）〟を意味せず、「京（京都）」と同じ意味だと解釈するしかない。すると、当時の廷臣にとって、〈「天下」は京都という狭い範囲しか指さない〉という、驚くべき結論になってしまう。

摂関政治最盛期と同時に〈天下＝京都〉の発想が出現

そこから、こう推測したくなる。朝廷の貴族にとって、全世界とはあの狭い京都のことでしかなく、それほど彼らの視野は狭かったのだ、と。その可能性は否めない。平安貴族は、地方の行政、特に民政には関心を持っていない。彼らが唯一、地方に関心を持つ理由は年貢の供給源だという点にあり、地方は収奪の対象でしかない。彼らは、朝廷の会議では民政に興味を持つ素振りを見せるが、実際に本気のアクションを取った人物が皆無だった事実を見れば、それが建前にすぎなかったことが明らかだ。民を哀れむ心は、単に、統治者層として身につけているべきファッションであり、統治者層に属するというプライドを保つため、自分のためにすぎない。そんな彼らが、彼らの目に見えるだけの範囲、つまり彼らが閉じ籠もる京都盆地の中だけを〝全世界〟と見なした可能性は、十分にある。

もっとも、「天下」が〝日本全国〟を指す本来の用法も、忘れられてはいない。一〇世紀前半、朱雀天皇の摂政藤原忠平は、朝廷が行わせた読経の目的を「甘雨《かんう》・年穀《ねんこく》、並びに天下の平安を祈る為」と日記に書いた（『貞信公記』天慶二年六月二〇日条）。日照りが酷い時期に雨と豊作と「天下の平安」を祈禱した、という意味で、この文脈なら「天下」は間違いなく日本全国だ。また息子の師輔《もろすけ》は、朱雀天皇が即位後初めて信濃国が献上した馬を観覧した時、「天皇、天下を知らすの後、今日初めて此《こ》の事有《ことあ》り」と日記に書いた（『九暦』承平七年八月一五日条）。「知らす」は〝統治する〟の意味で、即位後初めてという文脈からも、この「天下」も日本全国である。師輔はまた、朱雀天皇の在位期を後に「（朱雀）上皇天下の間」と回顧しており、これも同じである（『九暦』天暦二年四月二三日条）。この頃までの日記に、「天下」が日本全国以外を指したと疑われる事例は一つもない。

ところが、一世代を経ると様相が変わる。師輔の甥（兄実頼《さねより》の養子）の藤原実資《さねすけ》の日記

『小右記』には、「天下」が、実態上、間違いなく日本全国を指していない事例がかなりある。たとえば永観《えいかん》二年（九八四）、内裏の最も内側の区画にある日華門《にっかもん》という門の付近に、紺色の衣を着た不審者が出没した。実資はそれについて、「この事、天下怪しむ所のみ」とその日の日記に書いた（一一月一一日条）。当時の情報伝達の速度から見て、内裏で起こった出来事の情報が一日で到達できる距離は、京かその近郊が限度だ（早馬を飛ばせば別だが、不審者が出たという噂程度の情報で早馬を飛ばす可能性はない）。その日のうちにこの件を「怪しんだ」という「天下」の人々は、京の住人とイコールに決まっている。

実資はほかにも、右大臣が大納言の家を訪ねたことを「先例がない」と非難して「天下の人、頗《すこぶ》る驚くこと極まり無し」と書いたり、ある僧の行列の随行者たちがあまりに多く服装も贅沢すぎたことを「天下の人、尤《もっと》も驚き奇《あや》しむ所なり」と書いたりしている（永観二年一二月六日条、永観三年二月二三日条）。これらも右と同じ理由で、「天下」が日本全国を指すはずがなく、事実上、京とイコールの使い方である。

右の、大納言の家を訪ねた右大臣は藤原兼家《かねいえ》で、彼は師輔の子（実資の従兄弟）であって、道長の父だ。つまりこの頃は、摂関政治が最盛期へとなだれ込む時期にあたっている。日記の文体も明らかにこの頃を境に変わっており、どうも師輔世代と実資世代の間で、急に「天下」の捉え方が変わったようだ。摂関政治の最盛期とは、朝廷内部での矮小な権力闘争に政局の焦点が収斂《しゅうれん》した時期であり、藤原氏による政治の私物化が極限に達した時期である。それと時を同じくして京の内部の世論（しかも実質的には、宮廷という極小の世界の世論）を「天下」の世論と同一視する視野狭窄《きょうさく》が発生したことは、極めて自然だ。

もっとも、実資はその後、天皇の即位後最初の仏事や祭礼を「治天下《ちてんか》の初めの仁王会《にんのうえ》（仏事の一種）」「当時、治天下の始めの神事」と書いているので（寛仁元年九月二六日条、一〇月二日条）、日本全国を指す「天下」の意味も生き残っている。この時期を境に「天下」の意味が、従来の〝日本全国〟に加えて〝事実上、京中だけ〟という派生型を生んだのだ。ただ、実資の使い方は、〈事実上、京中の世論をもって日本全国の世論を代表させる〉という形にすぎず、〈京＝天下〉という地理的な区分をしたわけではない。

戦国期の〈天下＝畿内〉説につながる院政期の〈天下＝京都〉説

ところが、はるか五〇〇年を経た戦国時代、そうした明瞭な区分で「天下」という言葉が使われていた証拠がある。イエズス会の宣教師として来日し、織田信長・豊臣秀吉時代の政局を至近距離で目撃したルイス・フロイスが著した年代記『日本史』に、山ほどそうした記述がある。たとえば、「当時天下《テンカ》の最高統治権を掌握し、専制的に支配していたのは松永霜台《まつながそうだい》（久秀《ひさひで》）であった」「日本の君主国《モナルキア》すなわち天下《テンカ》を三人の異教徒の殿（三好《みよし》三人衆）たちが統治していた」などといった具合だ（第一部三七章、七七章。訳文は松田毅一ほか―二〇〇〇による）。

三好三人衆も松永久秀も三好家の最有力者で、三好家はその勢力範囲が畿内（五畿内＝山城・大和・河内・摂津・和泉）を出ない、矮小な権力体にすぎない。その勢力圏を「天下」と呼ぶなら、その天下は畿内しか指していない。「天下《テンカ》の主要国である河内国と摂津国《ツノクニ》」という表現もある（第二部四七章）。河内・摂津も日本全国レベルで見た時に主要国とは到底いえないから、これも〈天下＝畿内〉の証左になる。

フロイスとほぼ同じ時期（少しだけ遅い）を日本で過ごしたイエズス会宣教師ジョアン・ロドリーゲスは、『日本教会史』（第五章）でより露骨に書いている（訳文は江馬務ほか―一九六七・一九七〇による）。彼によれば、日本は複数の地方区《プロヴィンシア》に分かれ、その中心にあって都 Miaco／京 Kio がある地方区を、上 Cami とか畿内 Kinay／五畿内 Gokinay と呼び、「国王のいる地方区とか中央の地域とかを意味している」という。これらは全く常識的な五畿内の理解に合致する。

ところがロドリーゲスは、この五畿内について説明を続け、「天下 Tença〈Tenca の誤り〉と呼ばれる。それは日本を支配下に治めている帝国とか君主国とかを意味する」と述べている。ここに、〈天下＝畿内〉という、非の打ち所のない証言が得られるのである。

ただ、ロドリーゲスは続けてこうもいう。「この地方を支配する者は、天下 Tença〔Tenca〕を治め、全国の命令権、支配権、統治権を得るといわれ、その人を普通に Tença 殿、あるいは将軍 Xôgun、公方 Cubô と呼んでおり、王国の総司令官である」と。つまり、〈都を含む畿内を支配する者が日本全国の支配者だ〉という論理によって、〈「天下（日本全国）」の支配者が住む畿内を「天下」と呼んで差し支えない〉と考えたのだ。

フロイスも『日本史』で「信長は、都と、日本人が日本王国をさした言葉である天下《テンカ》の主」「天下《テンカ》、すなわち日本王国」などと述べている（第二部三一章、第三部一〇章）。彼も確かに〈天下＝日本全国〉という理解を持ち、しかもそれは〈天下＝畿内〉という理解と共存していた。フロイスも、「天下《テンカ》すなわち「都の君主国《モナルキア》」」「天下《テンカ》、すなわち日本人の君主国」などとも記しているからだ（第一部五四章、五八章）。〝都が象徴する君主国〟と〝日本人の君主国〟がイコールなら、やはり〈天下＝日本全国〉と〈天下＝畿内〉という二つの理解は、イエズス会宣教師の独断や思いつきとは考えられず、当時の日本人の理解をそのまま記録した、と見なすしかない。有名な織田信長の「天下布武」という印章も、「天下」を〝畿内〟の意味で使っており、決して〝日本全国の武力統一願望〟を意味していない、という説が昨今では有力だ（神田千里―二〇一四、金子拓―二〇一四など）。

戦国時代の〈天下＝日本全国〉と〈天下＝畿内〉の併存（二重構造）が、摂関政治期の〈天下＝日本全国〉と〈天下＝京〉の併存（二重構造）に由来することは、ほとんど疑う余地がない。その間に五〇〇年もあり、その途中で「天下」の範囲が、〝京〟から〝畿内〟へと微妙に変わっているが、その詳細は今は追究しないでおこう。ただ、摂関政治期にあくまで世論の出所の問題だった〈天下＝京〉が、先の白河院政期の事例では地理的問題へと変貌していたことは、特筆に値する。それは、地理的問題として〈天下＝畿内〉と考える戦国時代の理解へと格段に近づいているからだ。しかも、それは〈京都の誕生〉という歴史的大転換と、時を同じくしていた。「京都」の誕生により、日本に住む人々にとって、あの一帯の土地が持つ意味が変わった。その結果、あの土地と結びついていた「天下」概念への考え方も、人々の間で変わったのだろう。〈京都の誕生〉は「天下」の意味を変えるほどインパクトが大きい、中世への階段の大きな一歩だったのである。

「京」は「天」から「天命」が下る土地

以上を踏まえて、この章の最後に、〈天下＝京都〉という、院政期に特有の理解がなぜ成立するのか、そのロジックを説明しておきたい。これは〈天下＝畿内〉とは違う考え方なので、戦国史の研究者には説明できない。また〈「天下」を京の宮廷に代表させる視野狭窄〉とも違うので、そうした論理でも説明できない。京都誕生と直結する院政期の問題として、ここで説明せねば、永久に説明されない可能性さえある。

では、どうしたら〈天下＝京都〉という等式が導けるのか。私が知る限り、それを可能にするのは儒教の世界観しかない。具体的にいえば、儒教の中の《礼》という思想だ。

我々は、「天」を空だと思っている。世界中どこの土地にも空はある。だから「天の下」は全世界だ、と結論してしまう。しかし、それは我々が現代の発想に囚《とら》われているからにすぎない。ならば記紀神話の天照大神《あまてらすおおかみ》や天孫降臨《てんそんこうりん》の話か、と思われるかもしれないが、それも違う。天皇と天との関係を記紀神話ばかりで考える発想も、近世以降の狭量な国粋主義の残骸にすぎない。中世までの日本人は、もっと多様で柔軟な世界観を持っていた。

日本では、中国由来の儒教・仏教と、神祇《じんぎ》祭祀（神への信仰）が雑居していた。そして、古代・中世の廷臣の日記を見れば、彼らが儒教の世界観を意識して暮らしていたことが明らかである。その廷臣が日記で「天」とか「天下」という時、それが高天原《たかまのはら》や天照大神を意識している可能性は、ほぼゼロだ。彼らはまず間違いなく、儒教の「天」を念頭に置いている。それは、活字で読める当時の廷臣日記のほぼすべてを読み通した私が請け合う。

前近代の日本や中国では、「天」は単なる空ではない。儒教の根本原理である《礼》の思想によれば、「天」は万物の始原であり、世界の森羅万象はすべて「天」から派生して生まれた。そして《礼》思想では、因果関係と先後関係を何より重視する。つまり、〈AからBが生まれた〉場合は、必ずAがBより尊い。たとえば、親は必ず子より尊い。親がなければ子が生まれないからだ。また、AとBが因果関係にない場合、先に存在するものが本質的で、後から生まれたものが付随的なので、先後関係で尊さが決まる。〈Aの後にBが生まれた〉場合も、必ずAがBより尊い。老人は少年より尊く、兄は弟より尊い。

その考え方では、万物の始原である天が何より尊い。万物は天から派生するので、天が各自に与えた職分は、すべて世界の摂理に従っている。そのため、誰であれ、自分の職分を踏み越えることは世界の摂理に逆らうのと同じで、絶対に幸福な結末がありえない。だから下の者は上の者に従順に振る舞い、敬意を表現せよ、と《礼》思想は説く。そして、天は、自分から派生させた人類を観察し、適任者を選んで人類を監督させる。その選ばれた人を「王」、秦の始皇帝以降は「皇帝」といい、合わせて「帝王」という。天が帝王を任命することを「天命《てんめい》が下る」といい、これを親子関係に譬《たと》えて帝王を「天子《てんし》」という。「天」とは、王者を任命する神格なのであり、古代中国では「上帝《じょうてい》」とか「昊天《こうてん》上帝」と呼んだ。しかも、どうやら、「昊天上帝」は一つの神格ではなく、複数の神格の集合体で、その全体を「天」と見なすのが正解だ、という結論に中国は至っていた。

重要なのは、それが空の中にいる存在であって、空そのものではないことだ。地上の人間から見た場合、空は〝面〟だが、「天」は〝点〟なのである。では、それは空のどこにいるのか。ここからは私の推測だが、論理的に、次のように考えるしかなかろう。

天命が王者に下る様子をイメージして欲しい。その天命は、王者に向かって斜めに降り注ぐだろうか。そうではあるまい。天命は、王者の真上から鉛直に下るのが自然だ。ならば、天命が下った天皇の住処《すみか》、つまり都の真上に天命を下す「天」がいる、ということになる。京都は、「天（昊天上帝）」という至高の支配者の住処の真下なので、「天下」なのである。後に、「天下」が京そのものでなく、京を中心とする畿内へと拡大解釈されたのは、「天」の真下にある王者（天皇）の住処を、狭く考えて京だと捉えるか、広く考えて畿内（「畿」は、中国の《礼》思想では王都の周囲の、王者の直轄領）だと捉えるかで、幅があったからだろう。

もっとも、白河院自身は、儒学に耽溺《たんでき》するどころか、あまり学んだ形跡もない。したがって〈天下＝京都〉の等式は、白河院の着想ではあるまい。しかし、白河院政期には、後世に名を残す、希代の碩学《せきがく》というべき大儒学者がいた。大江匡房《おおえのまさふさ》である。

匡房は白河院の近臣で、『江家次第《ごうけしだい》』という儀式書や、『続本朝往生伝《ぞくほんちょうおうじょうでん》』『本朝神仙伝《ほんちょうしんせんでん》』『江談抄《ごうだんしょう》』などの説話集、『江都督納言願文集《ごうととくなごんがんもんしゅう》』という漢文の散文作品集、『江帥集《ごうそちしゅう》』という歌集など、多くの著作・言説を残し、『本朝続文粋《ほんちょうぞくもんずい》』『朝野群載《ちょうやぐんさい》』『本朝無題詩《ほんちょうむだいし》』などに多数の漢詩文が収録された。さらには、かの源義家に「雁《かり》の群が乱れて飛ぶ時は、その下に敵兵が潜んでいる」という兵法（用兵術）を教え、義家が後三年合戦でその教えを実践して危機を乗り越えた逸話（『奥州後三年記』）があるほど、匡房の知識と業績は幅広い。

後に信西《しんぜい》（第五章で後述。後白河天皇の側近）が登場するまで、匡房は院政期の儒学者の最高峰だった。その彼が白河院の近臣だったなら、白河院が新たに創った「京都」という都市と、「天下」を直結させる先の儒教の論理を提供することは、大いにありそうだ。

第三章　武士代表となる平氏

——京都と院政に融合した新種の実像と虚像

平正盛の登場と跳躍──「京都」を形成する武士の立役者

白河院政は、容器《ハードウエア》として京都を創造した上に、都の社会自体も変えた。それまで日陰者だった一族を新たな英雄、京都社会の主人公に仕立て上げた。それが平家である（平氏のうち、平清盛《きよもり》につながる狭い意味での一家を「平家」と呼んでいる）。白河院政がなければ平家の台頭はなかったし、平家は極限まで白河院政と（文字通り）一体化して、後に平清盛の権力を生み出した。平家の栄達は、白河院政の申し子そのものだった。

清盛の祖父の平正盛《まさもり》は、将門と戦った平貞盛《さだもり》の玄孫（孫の孫）である。承平《じょうへい》・天慶《てんぎょう》の乱で貞盛はほとんど活躍しなかったが、大量の息子・孫を摂関政治に忠実な武力・収奪者として送り込んで信頼を獲得し、諸国の受領《ずりょう》を歴任する富裕な一族に脱皮した。しかし、平忠常《ただつね》の乱に始まる華々しい朝敵追討の戦歴に彩られて武士の頂点に昇りつめた源氏と違い、平氏にはそうした機会がなかった。平忠常の乱で、最初に討伐に起用した平氏が使いものにならず、源氏が解決した、という差がその後の命運を分けたようだ。

正盛の武門としての名声は、源氏に及ばなかった。しかし正盛は、源氏が手に入れ損なった新時代を生き残る鍵を手に入れた。院政への適応、つまり白河院の寵愛《ちょうあい》である。

正盛は白河院の絶大な寵愛を受け、平家嫡流の地位を確保した。また、少なくとも隠《お》岐《き》・若狭《わかさ》・因幡《いなば》・但馬《たじま》・丹後《たんご》・備前《びぜん》の受領を歴任し、しかも若狭守は重任《ちょうにん》だった。正盛は受領として巨富を蓄え、多くを白河院に献上した。永久《えいきゅう》三年（一一一五）、白河院の新本拠地・白河泉殿の造築事業と費用を、全面的に負担したのはその一例である（八三頁）。

それより二〇年ほど前の嘉保《かほう》三年（一〇九六）、白河院の最愛の娘・郁芳門院《いくほうもんいん》（媞子《ていし》内親王）が二一歳で没し、院は悲嘆に暮れて出家した。その直後の永長《えいちょう》二年（一〇九七）から翌承徳《しょうとく》二年にかけて、正盛は、彼女が生前に白河院と暮らした六条院に、彼女の菩提を弔う財源として、伊賀の山田村・鞆田《ともだ》村の田園を寄進して荘園とした（「東南院文書」「東大寺文書」）。寄進した時、正盛は隠岐守で、白河院による引き立てはすでに始まっていた。ある程度まで親しくなければ、こうした機会に所領の寄進はされなかっただろう。

正盛の配慮は、傷心の白河院の心を鷲づかみにした。承徳二年正月、隠岐守の勤務評定を終えた正盛は、ただちに若狭守に任じられ、四年後の康和《こうわ》四年（一一〇二）七月には若狭守の重任を許された（『中右記』）。五年後の嘉承《かしょう》二年（一一〇七）には正盛の因幡守在任が確認できるから、二度目の若狭守の任期（四年間）後、すぐ因幡守に転じたのだろう。熾烈な任官競争の中、正盛の経歴は空白がない、怒濤の受領歴任だった。彼は、祖先貞盛が子・孫世代に獲得させた平家主流派のあり方を、再現したのである。

重要なのは、この間、正盛が京都を離れた形跡が一切ないことだ。受領の現地での仕事はすべて目代《もくだい》（代官）に任せ、正盛本人は都で白河院に貼りつき、受領として地方から得た収益も、多くが都で院に奉仕するために費やされた。

正盛は、因幡守だった嘉承三年（一一〇八）正月までに「院の北面《ほくめん》」に登用された（『中右記』）。「院の北面」は白河院が設置した院の近臣で、そのうち武士である者を「北面の武士」といい、院に直属する信頼篤《あつ》き武力として重宝された。古くからの滝口武士は天皇を守る内裏の守衛であり、内裏と切り離せない平安京の中枢を守る武士だったが、北面の武士は平安京に囚《とら》われない。彼らの仕事は院御所の「北面（北の区画）」に常駐することであり、院御所は（平安京外にあろうと）「京都」の中枢である。正盛ら北面の武士たちは京都の中枢（院）を守る壁であり、京都を構成する部品の一つになったのだ。

その正盛が京都で最盛期を迎えるためには、一度京都を出て、低迷する源氏を踏み台にして跳躍する必要があった。それが嘉承二（一一〇七）～三年の源義親《よしちか》の討伐である。

義家の代役、源義綱

源氏の低迷の始まりは、後三年合戦の失敗だった。先に述べた通り、激戦の末に奥州を制圧したにもかかわらず、義家は殺戮者と認定され、朝廷を警戒させた。しかも、弟の義光《よしみつ》が、左兵衛尉でありながら京の治安維持という職責を投げ出し、奥州に駆けつけた。その結果、源氏は朝廷のルールを軽視しがちな、社会性に難がある一族だという定評を確立してしまう。その中で、京都は一人だけ、そうでない源氏の有力者を確保していた。義家の弟で、義光の兄にあたる源義綱《よしつな》である。義家や義光が京都の治安維持を投げ出した以上、代役を起用・育成せねば京都は守られないのだから、当然の起用だった。

応徳《おうとく》三年（一〇八六）九月、朝廷で関白の藤原師実《もろざね》が、「陸奥の兵乱」対策として、義綱を出羽守《いではのかみ》に任じて事態を収拾させるべきか、議論している（『後二条師通記』）。ちょうど後三年合戦の後半戦が始まった頃だ。その年の冬、義家は清原家衡《いえひら》が立て籠もる沼柵《ぬまのさく》の包囲戦で多大な被害を出していた。恐らくその情報が届いたのだろう。一一月、師実は義綱を呼び出し、兄の不始末というべき「義家合戦」について事情聴取をしている（同前）。

しかし結局、朝廷は義綱を京都から出さなかった。奥州の戦争は「義家の合戦」にすぎず、朝廷の戦争ではないから朝廷は関知すべきでない、と結論されたからだ。関白から直々に呼び出されて諮問された事実から見ても、義綱に対する朝廷の信頼は篤い。義綱は、暴走の度合いを強める源氏を、朝廷が制御するための最後の頼みの綱だった。

白河院は、義家の代わりに、義綱に京都の安全を託すと決めた。一度そうなった以上、京都は義家抜きに回り始めたのであり、その後に帰って来た義家がそれでも京都で武士として成長し続けるなら、どこかで二人は衝突するしかない。

京都が戦場となる危機——義家と義綱の衝突未遂

京都は、すぐに起こった決定的対立の現場になった。後三年合戦の終戦から四年後の寛《かん》治《じ》五年（一〇九一）六月、義家と義綱が京で一触即発の衝突寸前に至ったのだ。発端は、義家の郎等と義綱の郎等が、河内《こうち》国の所領の領有権で争ったことらしい。暴力団の子分同士の喧嘩に親分が出てきて大ごとになるのと同じで、郎等同士が争うと、主人が出て来て主人同士の争いになる。子分や郎等が不当な扱いを受けることは、親分・主人の顔に泥を塗るのと同じだからであり、名誉を重んじて生きる親分・主人はそれを許せなかった。

重要なのは、京都に貼りつく有力武士が郎等を遠隔操作して地方の所領を支配する、という形が定着した結果、地方の衝突がすぐに京都に持ち込まれ、京都が争いの場になったことだ。これも平安京にない、京都の特質である。実は、一五世紀の室町幕府も全く同じ構造だった。応仁の乱に至る政治過程も、応仁の乱そのものも、地方をめぐる抗争をすべて中央に集約して、京都を戦場にした。京都は、地方の抗争を吸い上げ、しかも無闇に騒ぎを増幅させて、当事者を代表するボス同士に争わせる触媒と化してしまったのである。

京都には義家の郎等が続々と群集し、緊張が高まった。関白の師実は急遽、首脳会議を開き、事態の把握に努めた。そして当人たちに説明を求めたところ、義家は「ある検非違使が、「戦が迫っている。義綱が攻め寄せてくる」と忠告したので、備えるほかなく、うちの郎等は方々に分散していたので、急いで呼び集めたのです」と申し開きした。すると別の検非違使が、義綱側の申し開きを師実らに伝えてきた。「「義家が攻めてくる」と聞いたので備えただけです。こちらから攻める意図はありません」と、義綱はいう。何と、検非違使までが義家派と義綱派に分裂して、それぞれに都合よく情報操作していたのである。

武士の時代には、そうして始まる戦争が少なくなかった。互いに疑心暗鬼に陥り、相手に対する過剰な警戒心・防衛意識が高まってゆく中で、側近や世論がいい加減な憶測を当事者に伝えて危機感を煽《あお》り、「襲われる前に襲うしかない」と決断されて武力衝突が始まるのである。半世紀ほど後の保元《ほうげん》の乱も（一九一頁）、一世紀ほど後の法住寺《ほうじゆうじ》合戦（木曾義《きそよし》仲《なか》が後白河法皇の御所を奇襲した事件）も、そうだった。天下分け目の深刻な戦争が、どちらの本意でもなく、疑心暗鬼の果てに始まってしまうことが、武士の時代には珍しくなかった。それは、戦争について現代人に貴重な教訓を与える事実である。

話を戻そう。師実は両者の主張を白河院に伝え、判断を仰いだ。もはや関白は、院の最終決定を仰ぐための下準備に奔走する地位に成り下がっていた。白河院は、「何であれ軍勢は撤収させよ。いい分は撤兵後に主張せよ」と命じ、諸国の国司に「義家らの郎等の上京を制止せよ」と命じた。関白師実の子の師通の日記『後二条師通記』には、それ以上の記事がない。ただ、当時の日記などを元に鎌倉時代に作られた歴史書『百練抄《ひやくれんしよう》』によれば、この時、「諸国の百姓が、田畠やその公験《くげん》（所有権の証書）を好んで義家に寄進するのをやめさせよ」と命じられたという。義家が荘園の集積を進めつつあることが、義綱の権益と抵触して争いになるので、問題の根底にある寄進自体をやめさせたのである。

核兵器と同じ〝抑止力〟としての義家

興味深いのは、義家が朝廷での信頼を失いつつあったのに、「彼を荘園の領主として仰ぎたい」という要望が諸国に満ちていたことだ。田畠を寄進して荘園にする目的の一つは、一定の取り分を差し出すことと引き換えに、権門の力で保護されるよう期待することである。誰もが義家に「好んで」寄進したことは、義家が誰より強くて頼れる権門だと、誰もが結論したことを意味する。義家の郎等が各地に分散して京にいなかったのは、そうして寄進された全国の荘園を経営・維持するために、現地へと派遣されていたからだろう。

完全に体制側に順応した義綱より、体制から逸脱気味の義家の方に人望があったのは、結局、義家の強さが圧倒的に見えたからだろう。そもそも、義家は少年期に前九年合戦で奮戦し、神がかった武勇で勝利に貢献した逸話が、京では周知されていた（『陸奥話記』）。それに対して、同じく従軍した義綱にはそうした逸話が一つもない。しかも、義家は後三年合戦でも勝利した。どれだけ戦争の正当性を疑われようと、諸国の土地持ちが重視したのは、そんなことではない。義家に勝てる者はいない、と誰もが怯《ひる》む圧倒的な強さによってこそ、義家に保護された田畠はこの上なく安全だ、と信じられることが大事だった。

あちこちの零細な田畠のために、いちいち義家が乗り込んでくるとは思えないが、その必要はない。義家が出てきたら誰も勝てる気がしない、というだけで十分だ。

義家にはそういう逸話が多い。ある夜中、数十人の強盗が一つの家を襲ったが、たまたまその家の女のもとに通って来ていた義家の声を聞いて、「八幡殿《はちまんどの》（八幡太郎と呼ばれた義家のこと）がいるぞ。諦めよう」と逃げ帰った（『古今著聞集』武勇）。また、左大臣源俊《とし》房《ふさ》の家で義家が碁を打っていた時、逃亡中の犯罪者が家に乱入してきたが、従者に「八幡殿がいるぞ。逃亡は諦めろ」といわせると、即座に犯罪者は刀を捨てて投降した。さらに白河法皇が就寝中に物の怪《もののけ》に脅《おびや》かされた時、義家の弓を枕元に置いたら物の怪が出なくなった（『古事談』勇士）。これらはすべて、義家には一〇〇％勝てないと（物の怪にさえ）思わせた結果だ。義家は核兵器と同じで、侵略を敵に諦めさせる抑止力として、存在自体が京都の犯罪を防いでいたのである。そうした桁外れの迫力が、義綱にあった形跡はない。

義家一家の没落――源義親の乱と家督紛争

ところが、京都を震撼させた義家の迫力は、地方で、身内から破られた。康和三年（一一〇一）、義家の次男で対馬守《つしまのかみ》だった義親が九州に上陸し、反逆行為を重ねたのである。これで義家は、〝弁護の余地がない反逆者の父〟になった。しかも翌年二月、事態収拾のため義家が派遣した郎等の首藤資通《すどうすけみち》（資道）が、あろうことか同行した朝廷の使者を殺し、義親に同調してしまった（『殿暦』）。そうした行動が、義家を救い難いまでにまずい立場に追い込むことに、彼らがなぜ配慮しなかったのかは大いなる謎だ。いずれにせよ、これで義家には〝息子も郎等も制御できないだらしない家長〟の評価が確立してしまった。

さらに嘉承元年（一一〇六）六月、義親問題が全く解決しない中、今度は義家の別の息子・義国《よしくに》が問題を起こした。義国は足利《あしかが》氏や新田《にった》氏の祖先である。その彼が常陸《ひたち》で叔父の義光らと合戦を繰り広げ、父の義家が責任を問われて義国を召喚せよと命じられた（『永昌記』）。この騒動で義家は、〝よくよく息子を全《まっと》うに育てられず、息子も弟も制御できない家長〟になった。義家は名誉を挽回できないまま、一ヶ月後に没した（『中右記』）。

義家の生前でさえこれなので、彼の死後、源氏の主導権争いは揉《も》めに揉めた。義家の長男義宗《よしむね》はすでに故人で（『尊卑分脈』）、次男義親と四男義国は指名手配犯、五男義時《よしとき》・六男義隆《よしたか》は幼くて話にならない。一家を継承できるまともな息子は、三男の義忠《よしただ》だけだった。

義忠は検非違使だったので、朝廷で評価されていたようだ。ところが、義家の死から三年後の天仁《てんにん》二年（一一〇九）二月、京都で義忠はあっさり殺害される。自分の郎等に「刃傷」されたという（『百練抄』）。ここから京都は、源氏の殺し合いの舞台にされてゆく。

殺害犯として疑われやすいのは、叔父の義綱・義光兄弟だった。未熟で実績のない義忠より、義家の弟で実績豊富な自分の方が義家の継承者にふさわしい、と彼らが信じたのは想像に難くなく、したがって彼らには義忠を殺す動機がある、と都人《みやこびと》は信じた。

特に、一時は義家と張り合った義綱に、都人の疑惑の目は集中した。そこで白河院は検非違使の源重時《しげとき》に命じて、京の義綱の家に踏み込ませた。ここで義綱の三男義明《よしあき》が徹底的に抵抗したらしく、検非違使に殺された（『百練抄』『殿暦』）。白河院が造った京都には、最初から、簡単に命のやり取りに走る武士の行動様式が刻み込まれていったのである。

義綱は冤罪《えんざい》だったようで（『尊卑分脈』）、義明の闇雲な抵抗もそれを裏づけている可能性が高い。ただ、義明の死に義綱は激怒し、京の家を捨てて東へ出奔した。当時、彼は先祖以来の影響力が強い坂東に逃れようとした、と思われたようで、その様子は翌日には「謀反の如し」と記録された（『殿暦』）。一度、殺人犯というレッテルが貼られると、何をしても犯罪（の準備）に見えたらしい。翌日、義綱が近江で出家したという情報が京に届き、摂政藤原忠実《ただざね》は事実確認のため検非違使を近江に遣わした。五日後に源為義《ためよし》（義親の子）が義綱の所在を突き止め、その六日後に佐渡への流罪と決まった（『殿暦』）。

義綱が出家した場所は甲賀《こうか》郡の寺だったという。甲賀郡は近江の奥地で、伊賀《いが》と隣接する山間地帯である。義綱はすべてを抛《なげう》って隠遁する意志を示したのであり、無実の罪を着せようとする社会に抗議すると同時に、朝廷に敵対しない姿勢を明示したのだろう。

為義に発見された時も、義綱は抵抗しなかっただろう。でなければ流罪では済まず、京で抵抗した義明のように殺されていただろう。義綱が殺人犯だという証拠が出た形跡はない。それでも流罪とされたのは、「五位以上が無断で畿外に出てはならない」というルール（『平安京はいらなかった』五一頁）を破ったことへの罰だった可能性が高い。

ちなみに、義綱が冤罪なら真犯人は誰だったのか。実は、弟の義光だったという伝承がある。南北朝時代の系図集『尊卑分脈《そんぴぶんみゃく》』によると、義忠を殺した実行犯は鹿島三郎《かしまのさぶろう》といい、義忠に「鬱陶《うっとう》（怨恨）を含」んでいた叔父の義光に唆《そそのか》されて犯行に及んだという。彼には義綱と同じ動機があり、しかも血気に逸《はや》ってルール無視で戦争に突入した二度の前科という、義綱にない軽率な暴力性があったことを踏まえると、この説は捨て難い。

ただ、いずれにせよ、義光は一家の主導者になれなかった。彼は東国の常陸で佐竹《さたけ》氏、甲斐《かい》で武田《たけだ》氏という子孫を残して、恐らく東国で没した。彼には、義家の後釜として認知を得られるような、都で白河院に取り入る機会や努力が、絶対的に足りなかった。

一方、義綱は政治生命を絶たれた。義綱の子孫を標榜《ひょうぼう》する武士は、中世に全く現れないので、男系子孫は完全に断絶したようだ。

義家の息子たちにも、もはや義家の後を継げる者が皆無になった。適任者は義親の子（義家の孫）の為義だけで、彼が後継ぎになった。しかし、彼が継いだのは、義家のような「武士の長者（頂点）」（『中右記』天仁元年正月二九日条）の地位ではない。凄惨な内輪揉めで自ら勢力と社会的信頼を損なった源氏、単なる有力武士の一家にすぎなかった。

“使えない平氏”と“使える源氏”の逆転

この源氏の落日が、平家に躍進の好機を与えた。義忠が殺害された一年前にあたる嘉承三年（一一〇八）の春、平正盛が源義親を討ち取って凱旋したのである。

義親は対馬守だった康和三年（一一〇一）、海から北九州沿岸を襲撃する海賊行動を繰り返し、父義家の制止も無視し、翌年には朝廷の使者を郎等と結託して殺害する暴挙に及んだ。朝廷はその年末、義親を隠岐に流すと決めたが（『殿暦』『中右記』）、義親は従わなかった。隠岐を脱出して日本海の対岸の出雲《いずも》に出現したとも、そもそも隠岐には行かなかったともいう。嘉承三年正月までに、義親はさらに出雲で目代（国司の代官）を殺し年貢を強奪するという、信じ難い暴挙をまた働いた（『中右記』、『古事談』勇士）。

義親の反乱は数年来朝廷を悩ませ、対処不能と思われた。最大の問題は、義家の後継者義忠にこの問題を担う能力がなかったことだ。偉大な父義家の統制にさえ服さなかった叔父義綱・義光や弟義国を、義忠に統制できるとは思われなかった。

源氏の総力結集は困難で、それが義親追討を不可能にしていたが、最大の問題は倫理上の問題だっただろう。それは、討伐すべき義親が、義忠の兄、為義の父だったことだ。日本の倫理観は、原則として儒教の《礼》思想によって、強く規定されていた。そして

《礼》思想では、尊属や年長者が絶対的に尊く、敬われねばならない（一〇四頁）。父は必ず子より尊く、兄は必ず弟より尊い。そうした倫理観があるため、弟の義忠や息子の為義に「兄（父）の義親を討て」と命ずることは、朝廷には不可能だった可能性が高い。

義親の反乱が、日本最強の武士団だった源氏の手に負えないなら、誰が鎮圧するのか。二番手の平氏はいるが、それも往年の源氏のような頼れる氏族とは到底いえなかった。

平氏はこれまで、源氏のような実績を一切積んでこなかった。反乱討伐の主力を担ったことは一度もなく、あるのは坂東のほぼ全域を奪った平将門や房総半島を荒らし回った平忠常、出羽で反乱した平師妙《もろたえ》など、討伐される反乱者としての悪名ばかりだ。かつて平貞盛は自力で全く将門に太刀打ちできず、藤原秀郷の力を借りなければ将門討伐は不可能だった。また平忠常の乱では、平直方《なおかた》が一度追討使として起用されたが、全く成果を出せずに罷免され、源頼信に成果を取られた。要するに平氏には、〈強い者は反逆者になってしまう〉、その裏返しとして〈朝廷に従順な者は弱くて使い物にならない〉という負のイメージが定着していた。そして平氏は一族が膨大に増えたため、それを一手に統制するリーダーは不在で、平忠常の乱以降、ぱっとした人物を輩出していない。しかし一人だけ、白河院の信頼を一身に担う期待の星がいた。平正盛である。義親が出雲で目代を殺した後、正盛を追討使に登用することに、院が迷った形跡はない。

平正盛、六波羅に堂を築いて白河の仏教空間に接続

正盛一家は、「京都」誕生そのものに大きな役割を果たした。鴨川の東を開発して六波《ろくは》羅《ら》という平家の拠点を造り、京を拡張したのだ。その契機は白河開発への貢献で、特に永久二年(一一一四)八月、白河院が「国王の氏寺」法勝寺の新しい阿弥陀堂(新阿弥陀堂。蓮華蔵院《れんげぞういん》。場所は白河南殿=泉殿の西隣だが、法勝寺の一部である)を建立しようとした時、正盛が造って進上したことは大きい(『中右記』八月二日条、『殿暦』三月二九日条)。

法勝寺の造営に始まる新興地域の白河は、基本的には寺院の街だった。院の御所はあったが、鳥羽殿の造営時のように、半ば朝廷が移動してしまうことはなかった。正盛も、白河の伽藍・堂塔を熱心に造って院に献上したが、自分自身は白河に住まなかった。

その代わり、彼は白河の至近距離に新たな居住地を見つけて開発した。それが、鴨川の東、白河地域からは少し南、六条大路の東の末あたりの「六波羅」地域である。そこは鳥《と》辺《り》野《べの》という古くからの葬送地に接し、誰もが死者の穢《けがれ》を避けるので、住宅街を営もうという者はいなかった。しかし、それは正盛の障碍《しょうがい》にならなかった。彼は武士であり、血や死

の穢を生み出して隣り合わせに生きるのが商売なので、気にもかけなかったのだろう。そこに正盛は、法勝寺の新阿弥陀堂を造営する二年前の天永《てんえい》三年（一一一二）に、珍皇寺《ちんこうじ》から二ヶ所の畠を買った（「東寺百合文書」ほ）。平安前期に空也が創建した六波羅蜜寺《ろくはらみつじ》とも近いその場所こそ、平家の拠点として急速に都市化してゆく六波羅である。

一年後の永久元年（一一一三）、正盛は早くも「六波羅堂」と呼ばれる仏堂をその地に完成させていた。白河院は出来映えが気になったらしく、二月と閏三月に二度も、方違《かたたがえ》（陰陽道で、悪い方角への移動を避ける迂回）の滞在先として足を運んだ（『殿暦』）。正盛は白河の近郊に拠点を設けることで、白河院にべったりの忠義を表明したのである。

半年あまり後の一〇月、白河院の寵妃の祇園女御《ぎおんのにょうご》という女性が、正盛の六波羅堂で一切《いっさい》経《きょう》の供養を行った（『殿暦』『長秋記』）。一切経は〝一切（全て）の経典を集めた経典集〟で、中国の宋《そう》で版本《はんぽん》（木版印刷）が作られ、東アジアに若干部数が流布していた。一切経供養は、祇園女御がそれを入手した記念の仏教行事だろう。六年後の元永《げんえい》二年（一一一九）八月には正盛自身もこの六波羅堂で一切経供養をしており（『中右記』）、この頃流行っていたらしい。そして、この重要な仏事を、祇園女御が正盛の六波羅堂で行った意味は大きい。というのも、祇園女御は平清盛の母だと、『平家物語』が伝えてきたからだ。

白河院政と密着した平家の終着点——平清盛の白河院落胤説

実際には、清盛の母は彼女の妹だとも、彼女に仕えた女房（女官）ともいわれるが、そのあたりは重要でない。祇園女御かその近辺の女性が産んだ清盛の、実の父が白河院だと『平家物語』で伝えられてきたことが、何より重要だ。その女性は白河院の子を懐妊したが、正盛の長男忠盛に与えられ、「生まれた子が女なら自分が皇女として育てる。男ならお前の長男として育てよ」と命じられた。そして男子が生まれ、清盛になったという。

この落胤《らくいん》説の真偽を確定させる物証はないが、当時の朝廷が真実だと信じたことは確かだ。証拠は清盛の経歴である。永暦《えいりゃく》元年（一一六〇）に清盛が参議《さんぎ》に、つまり武士が初めて公卿になっただけでも驚くべきなのに、その後も急速に権中納言《ごんのちゅうなごん》・権大納言《ごんのだいなごん》と昇進し、六年後までに内大臣《ないだいじん》となり、翌年に太政大臣《だいじょうだいじん》という人臣最高の地位に就いてしまった。

父の忠盛は、四位《しい》に昇り、内昇殿《うちのしょうでん》（天皇が住む内裏清涼殿《せいりょうでん》の殿上の間に昇る資格）を許され、刑部卿《ぎょうぶきょう》（刑事裁判を司る役所の長官。ただし形骸化）に昇っただけでも、激しく非難された（後述）。それからたった一世代で太政大臣として位人臣を極めるなど、破格の出世という言葉でさえ生ぬるい、意味不明というしかない結末だった。あの段階であの昇進を可能にした要因は、功績や努力ではあり得ず、血統しかないと、私は中世朝廷の専門家として断言できる。その血統に該当するのは〈白河院の落胤〉説以外にない。

なお、重要なので繰り返すが、その落胤説が真実かどうかを、判定する術はない。私が主張しているのは、それが真実だと当時信じられた、ということだけである。この落胤説には第六章でまた詳しく触れるので、具体的な証拠はそちらで挙げよう。

それは、正盛・忠盛親子の戦略だっただろう。彼らは〈白河院政に密着して急速に勢力を拡大する〉という路線を極限まで突き詰めた末に、白河院と正盛一家が血統的に融合すべきという結論に至ったのである。家督だけ白河院の血筋にして、平家全体の地位を一挙に最上層まで引き上げれば、正盛や忠盛の血を引く本来の平家の人々も、同じ一家として破格の出世を得られる。それが狙いだっただろう。事実、清盛が従一位《じゅいちい》・太政大臣まで官位を極めた結果、弟たちも漏れなく公卿に昇り、彼らの子・孫らも次々と重職に就いた。

そうした平家の急速な拡大の鍵は、白河院と、彼の子を宿したらしい女性（祇園女御かその周辺の女性）と、彼女を嫡男忠盛の妻に迎えた平正盛の、三者の親密な関係にある。その三者が、一つの場に会したのが正盛の六波羅堂であり、永久元年（一一一三）という年だった。平家全盛期はまさに白河院政の延長として、平正盛の白河院政に対する忠義の総決算として、白河院から与えられた褒美だといってよい。

祇園女御は、八年前の長治《ちょうじ》二年（一一〇五）一〇月に、祇園社（今の八坂《やさか》神社）の南に堂を建てた。その堂は「天下の美麗過差《かさ》、人、耳目《じもく》を驚かす」といわれた絢爛豪華さで有名になり（『中右記』）、彼女が「祇園女御」と呼ばれたのは、この堂の所在地に因《ちな》んでいる。祇園社は四条大路の東の末なので、その南の彼女の堂は、正盛の六波羅堂の北側の、さほど隔たらない場所である。白河院・祇園女御・平正盛は、北から順に〈白河→祇園→六波羅〉とまとまった地域内に住んでおり、権力者を取り巻く人脈が、そのまま地理的な構造に反映されていた。祇園女御や正盛が自分の堂を白河より北ではなく南に建てたのは、〈君主は北に、臣は南にあるべき〉とする《礼》思想に配慮した結果ではないか。

平忠盛の元祖「三十三間堂」と「殿上の闇討」

大治《だいじ》四年（一一二九）閏七月、祇園女御は、白河院の四十九日の供養仏事を白河の新阿弥陀堂で行った。正盛が白河院に献上した、あの法勝寺の新阿弥陀堂である。祇園女御が白河院を悼《いた》む時、そこには正盛の影があった。そして同じ日、亡き白河院に仕えた北面の武士らは、「今日から鳥羽院と待賢門院《たいけんもんいん》（鳥羽院の皇后）に仕えよ」と命じられた。その北面の武士の筆頭こそ、平忠盛だった（『中右記』）。この日の仏事は、白河院と平正盛の蜜月関係を、鳥羽院と平忠盛の蜜月関係へと引き継ぐ儀礼でもあったのだ。

忠盛は期待に応えた。父や自分が受領を歴任して貯め込んだ富を惜しみなく注ぎ込み、白河院の死去から三年後の天承《てんしょう》二年（一一三二）三月、白河南殿の東隣にとんでもない施設を作り上げた。得長寿院《とくちょうじゅいん》である。「千体観音堂」という（『中右記』）、千体の仏像（観音菩薩の木像）をたった一つの堂に収納する、途方もない大きさの仏堂だった。

〝千体の観音菩薩像〟といえば、今も京都の鴨川の東、七条通《どおり》の南にある三十三間堂《さんじゆうさんげんどう》（蓮《れん》華《げ》王院《おういん》）にも、千体の千手観音菩薩像が収められている。修学旅行の定番コースなので、見たことがある読者も多いだろう。一つの堂の幅が三三間（柱と柱の間が三三）。これは仏像が並ぶ内陣《ないじん》の間数で、建物の間数は三五間。約一一八ｍ）に及ぶ、常軌を逸した大きさと形状の仏堂は、ほかのどこにも見かけない、極めて個性的な姿だ。

しかし実は、あの建築にはモデルがある。それが忠盛の造った得長寿院である。蓮華王院と同様に千体の観音像を収め、しかも完成式典の記録で「三十三間御堂、一千一体観音」といわれたように（『帝王編年記』）、堂の形状が「三十三間で一つの堂」だった。

得長寿院は何より、「長寿を得られますように」という願いのために造られている。もちろん、彼が仕えた鳥羽院やその一家が、である。そして、彼らが長寿を全うした末に、次の救いが用意されている。千体の観音菩薩像、恐らく千手観音の像である。千本の手を持つ観音菩薩が千体あるとは、観音菩薩が一〇〇万本の手を差し伸べて極楽浄土へ導いてくれる、という趣向だ。この頃の権力者の信仰には、「多数作善《さぜん》」（よい行いを一つでも多く行えば、より極楽往生の可能性が高まる）という発想が蔓延していた（美川圭二〇〇三）。念仏を百万遍《べん》唱えるとか、百度参りなどもそうで、〈千本の手を持つ千体の仏像を三三間の堂に安置する〉というのも、その発想を極限まで突き詰めた結果だ。

この得長寿院の三十三間堂は、蓮華王院と同じく南北に長く、東を正面として西（極楽浄土の方角）向きに建てられたと考えられるが、建立から一七年後の久安《きゅうあん》五年（一一四九）五月には、「頗《すこぶ》る西の方に傾」いてしまった（『本朝世紀』）。史上初の個性的形状に、建築技術が追い着かなかったらしい。対症療法的な修理で凌《しの》いだが、元暦《げんりやく》二年（一一八五）七月九日、中世最大規模の巨大地震が京を襲った時、あえなく倒壊して消滅した（『吉記』）。

忠盛は、この得長寿院の三十三間堂を造って鳥羽院に献上した功績で、備前守をもう一期務め（重任）、さらに内昇殿を許される「殿上人《てんじょうびと》」になった（『中右記』）。殿上人は、天皇の外戚一家や摂関家の子弟、天皇の師や一芸の達人など、天皇が個人的に最も信頼する者だけに許される、最大級の名誉だ。白河院の寵《ちょう》をほしいままにしたあの正盛さえ終生許されなかった特権を、忠盛は三七歳で手に入れて父を超えた。(『平家物語』長門本《ながとぼん》)。

院の近臣は、どれだけ院に気に入られても、「所詮、生まれは大したことない」と陰口をたたかれるのが常である。しかも武士は、貴族と比べると出自の見劣りが甚だしく、仕事柄「殺人」ばかり行うため、特に低く見られており、源義家ほどの棟梁《とうりよう》(最強)クラスでも受領になるのが精一杯だった。正盛も、義親を討って但馬守《たじまのかみ》に任じられた時、藤原宗忠に「最下品《さいげぼん》(底辺の出自)の者」のくせに、と非難された(一三三頁)。受領さえ過分とされる家の者が、殿上人になれる可能性など、本来ならあるはずがなかった。

したがって、生まれの良さを自負する貴族らはプライド上、忠盛の昇殿を受け入れ難く、忠盛に組織的に嫌がらせをした、と『平家物語』は伝える。一一月に豊明節会《とよのあかりのせちえ》という年中行事があった。新穀の収穫を祝う、新嘗祭《にいなめのまつり》に伴う宴会である。殿上人らは、その日に忠盛を「闇討《やみうち》」にしようと計画した。「闇討」とは、闇夜に紛れて棒で殴打し、逃げ惑うのを嘲《あざわら》う虐《いじ》めをいったらしい(さすがに天皇の住居内で殺人や流血は犯せない)。

ところが忠盛は事前に察知し、短刀を帯びて殿上の間に出仕し、時々、灯りの前でこれ見よがしに刀身を抜いた。それを見て主謀者たちは闇討ちを諦めたが、「殿上の間で許可なく帯刀するのは重罪で、殿上人の身分を剝奪すべきだ」と崇徳《すとく》天皇に訴えた。天皇が忠盛に問いただすと、短刀の刀身は、木刀に紙を貼って刃に見せかけた偽物だった。「闇討ちを未然に防ぐために刀を帯び、しかも後日の訴えまで予見して木刀を仕込むとは、誠に弓箭《ゆみや》に携わる者（武士）の理想とすべき知略だ」と、天皇はむしろ忠盛を褒めたという。

平家の処世術とバランス感覚──従順＋毅然＋配慮＋知性を兼備

既存の秩序から逸脱しないこうした配慮こそ、源氏と決定的に違う平家の処世術である。三〇年ほど後、自ら政治を主導したい二条天皇が、院政を敷きたい父の後白河院と対立した。当時、清盛も含めて誰もが「後白河院政が順当」と思っていたが、清盛は態度に出さず、二条の側近くに仕えた。その頃の清盛の処世術を描いた『愚管抄《ぐかんしょう》』の有名な一節に、「清盛ハヨクヨクツ、シミテ、イミジクハカライテ、アナタコナタシケルニコソ（清盛は慎重に自分の意見を押し隠し、決して軽率に動かず、「アナタコナタ」した）」とある。

「アナタコナタ」は〝あちこち〟という意味だが、右の『愚管抄』の文脈や、実際の清盛の振る舞いを踏まえると、「アナタコナタする」は単なる八方美人ではなく、〈政界の四方八方へ気配りを尽くした〉という意味である。清盛はどの勢力とも敵対せず、かといって癒着もせず、政治的に党派性のない独立した立場で振る舞った。彼は独立した勢力として中立を確保し、しかも唯一の、朝廷に不可欠な勢力（武士の統率者）として、朝廷の柱石になった。この卓越した政治的バランス感覚こそ清盛の最大の武器であり、それが父忠盛の代からの平家の特色だった、という印象を『平家物語』は語っているのだろう。

忠盛は和歌もよくし、『忠盛集《ただもりしゅう》』という私家集があり、『千載《せんざい》和歌集』ほか勅撰《ちょくせん》集に何首も採用された。『忠盛集』には、白河院との思い出を詠んだ歌が二首ある（日本大学所蔵本。一四一番と一九〇番）。一首は備前守の任期を終えて京に戻った時の歌で、白河院に呼び出されて「みちのあひだ、いかなる歌かよみたる（京への道中にどんな歌を詠んだか）」と「たびたび御たづね」があった思い出を歌う。白河院は、彼が和歌に勤しむ様子を気に入っていたようだ。また、大治四年（一一二九）の七月七日、ちょうど七夕に没した白河院を悼んで、「年に一度再会できる織姫たちと違ってもう再会できない」と悲しみを歌っている。武士ながらも、宮廷社会に好まれる文学的素養を身につけるこの姿勢と努力が、白河・鳥羽院政のもとで彼らの台頭を可能にした原動力の一つだったのである。

京都で開幕する〈平正盛の源義親追討〉劇

登場した当初の平正盛には、実績がなかった。実績なき人物の抜擢には、必ず世論の抵抗が伴う。そこで白河院は、正盛があたかも、実績豊かな頼れる武士であるかのように演出することにした。その演出は、平氏の歴史全体を覆う負のイメージも一掃できるほど、大々的で印象的である必要があった。そこで白河院が着目したのが凱旋パレードである。

　それは源氏の遺産だった。源氏は頼信の平忠常討伐、頼義の安倍氏討伐、義綱の平師妙討伐と、三世代で多大な実績を積み重ね、それを可視的に象徴する凱旋パレードを確立した。凱旋パレードは、ただちに誰もが源氏の武威を想起し、都人から熱狂的な反応を引き出せるイベントに成長した。その完成は、敵地に赴かなかった義綱が、凱旋将軍のようにパレードを率いて喝采を浴びた平師妙追討の時であり、まさに白河院政での出来事だった。白河院は、数世代の時間と実績を費やして源氏が作り上げた凱旋パレードの効果を手軽に利用して、実績がない平正盛にも、源氏のような頼れる将軍の印象を与えられないか、と考えたらしい。白河院は、〝平氏の売り出し〟というマーケティング戦略の道具として、凱旋パレードを広報メディアと割り切って使った、日本初の君主だった。

　義親追討の命令を受けて、正盛が出雲へ向けて京を発ったのは嘉承二年（一一〇七）一二月一九日だった（『殿暦』）。出雲到着は一七日後の、年が明けて嘉承三年正月六日。そして「義親と部下五人を討った。二月上旬に首を携えて上洛する予定」という正盛の報告が京で披露されたのが、一三日後の正月一九日だった。その日のうちに、前九年合戦を踏襲して即座に恩賞を与えるべきだ、という議論が白河院の主導でまとまった（『中右記』）。足かけ一二年の歳月と甚大な犠牲の上に辛勝した前九年合戦と、正盛がほんの一ヶ月で片づけた義親征伐の重さが同じはずはないのだが、正盛は京に帰還してもいないのに、但馬守に任じられた。正盛を無理に引き立てる白河院の強引さが目立っている。

日本を構成する六六ヶ国＋二島は、大国・上国・中国・下国の四等級に格付けされていた。基準は国内の課丁数《かちょう》（税を賦課される人数）と田地の面積、つまり収益の大小による。但馬国は「上国」とされ、畿内に近く山陰道の要衝なので、国守は平均より高い四位《しい》以上の貴人が任じられ、「第一国」とも呼ばれた。〝最優良国〟ほどの意味だろう。

正盛は、その栄誉と実益を兼ねた「第一国」の国守になった。正盛は一一年後の元永二年（一一一九）五月にまだ正五位下《しょうごいのげ》で、四位（従四位下《じゅしいのげ》）に昇ったのは翌保安《ほうあん》元年五月のことである（『中右記』）。義親追討の段階で、正盛は五位にすぎなかった。

宗忠は日記で憤慨している。「正盛は最下品《さいげぼん》の者にして第一国に任ぜらる。殊《こと》なる寵《ちょう》に依《よ》るものか。凡《およ》そ左右《とこう》を陳《の》ぶべからず。院の辺《わたり》に候《そうろ》ふ人は、天の幸を与《あた》ふる人か（甚だ身分の低い正盛に最優良国の受領は不釣り合いだが、白河院の特別な寵愛の結果なのだろう。とやかくいうべきでないが、院に側近く仕える者には天が幸を与えるようだ）」と（『中右記』）。正盛が常識外れの出世を遂げようとする雰囲気が、よく伝わってくる。

平正盛の凱旋パレードで盛り上がる世論

正盛は、予定の二月上旬より早く正月二九日に、「鳥羽作道《とばのつくりみち》」を通って京へ入った。「鳥羽作道」は、朱雀大路を九条（平安京の南端）より南へ延長して鳥羽とつないだ道で（一〇頁図1）、宗忠はその沿道で正盛一行を目撃した。五つの首が鉾《ほこ》に刺され、「赤の比礼《ひれ》（布の切片）」に名が書かれていた。首の鉾を持つ下人《げにん》（地位の低い家人）の左右には「打物《うちもの》（太刀）」と甲冑で武装した「歩兵」四〇～五〇人が続き、騎馬の正盛と降参した捕虜一人、そして一〇〇人の郎等が後に続いた。その迫力は「剣戟《けんげき》は目を耀《かがや》かし、弓馬《きゅうば》は道に連なる」と描写された。

正盛らは鳥羽作道を北へ、九条大路を東へ進み、鴨川沿いに北上し、七条大路の末の川原で検非違使に首を引き渡した。検非違使は七条大路を西へ進み、朱雀大路を横断してさらに西へ進み、西大宮《にしおおみや》大路から北上して西の獄へと到着し、首を「西の獄の門の樹」に懸けた。義綱の平師妙討伐の時と同じである。

興味深いのは、宗忠の次の感想だ。「故義家朝臣《あそん》は年来、武士の長者として、多く罪無き人を殺すと云々《うんぬん》。積悪《せきあく》の余り、遂《つい》に子孫に及ぶか」と。前段は有名な一節で、源義家が長い間「武士の長者」＝最も地位の高い武士だったという証言である。しかし重要なのは、それを宗忠が褒め言葉として使っていないことだ。義家は長らく武士の長者であり、それに比例して罪なき者を多く殺してきた、と非難しているのである。

その念頭に、義家の私戦と断じられた後三年合戦があったことは間違いない。そして、息子の義親が反乱者として首を獄門に晒されたのは、父義家が多くの殺戮に手を染めてきた報いだ、と宗忠は吐き捨てた。つまり、このパレードは、単に平正盛の名声を高めただけではない。これまでの源氏の行為が、冷静に考えれば悪事であり、正義に照らせばこの世から淘汰されて当然なのだと、源氏を指弾する世論が公然と語られ始めたのである。

宗忠は「凡《およ》そ京中の男女、道路に盈《み》ち満ちて、人々狂《くる》ふが如《ごと》し」とも記録した。観衆は狂騒したのであり、その中に、実は白河院自身がいた。白河院は、正盛一行を院御所の鳥羽殿で見物していた（『殿暦』）。冷静に考えれば、日本海側の山陰道から、つまり京の北西から帰還する正盛一行が、京の南の鳥羽作道を通って入京するのは不自然で、どう見ても遠回りだ（山陰道は平安京の七条大路の西端と直結している。一〇頁図1参照）。正盛は、白河院が御所から見物できるように、鳥羽へ迂回したのである。

　このパレードで時代の寵児になったのは、正盛だけではなかった。「伊賀《いが》国の住人」で、朝廷の相撲節会《すまいのせちえ》に召されるほどの力自慢の力士の、清原重国《しげくに》という人がいた（相撲節会は、七月に武芸修練の目的で行われる、天皇観覧の相撲大会）。その彼が、正盛の「下人《げにん》」となり、義親の首を鉾に刺して持ち歩いたことから、「首持《くびもち》」というアザナ（通称）で呼ばれる有名人になったという（『長秋記』天永二年八月某日条）。

　白河院による凱旋パレードの広報メディア化は、大成功を収めたかに見えた。しかし、広報の世論操作に依存したマーケティングがしばしば失敗するように、白河院のやり方は広報戦略を過信し、かえって世間の疑惑を招いた。ここでは詳しく述べないが、討ち取ったはずの義親が何度でも甦《よみがえ》って都を騒がせるという、奇怪な展開が訪れることになる。

定義が確立されない「京武者」と「軍事貴族」

　平正盛は、〝武士の第一人者〟のほかに、もう一つの幻影を帯びていた。〈武士は京都の不可欠な構成要素だ〉と主張する本書では、どうしてもこの話に触れなければならない。白河院は、自ら抜擢して育て上げた平氏と、最盛期を過ぎて制御が容易になった源氏を、京都で一手に掌握した。そうした源平の武士は「京武者」と呼ばれ、地方の武士とは全く違う武士の類型として、武士の主流を担った、という説があり、それなりに流布している。「京武者」とは、ある歴史学者が、院政期の武士を捉えるために新たに提示した概念だ。それは提唱者の造語ではなく、史料に明記された当時の言葉だとされている。

では、「京武者」とはどういう意味か。実は、それがわからない。記録上の「京武者」という言葉を初めて指摘して、それを武士の一類型だと主張した提唱者は、「院政期の軍事貴族を京武者と称することにしたい」と定義した（元木泰雄―一九九四、一二六頁）。私が付けた傍点部に明らかな通り、それは提唱者の希望だった。

京都を中心とする学界の一部で、「京武者」は大いに流行った。しかし、困ったことに、人によって違う意味でこの言葉を使った。たとえば、ある研究者は自分の研究論文で、提唱者の定義に完全に従うと表明した（野口実―二〇〇六、四七頁注2）。しかし、その一方で、別の研究者は、「軍事貴族の中でも狭小な所領を本拠として権力基盤を公家政権に依存する傾向が強い類型を「京武者」と称することとする」と定義した（長村祥知―二〇一二、二五九頁）。提唱者は、「京武者」に〈本拠の規模の大小〉〈権力の源泉がどこか〉などの条件を含めていないから、「京武者」の意味は改変されて、一人歩きし始めている。

しかも、右の専門家たちが「京武者」の定義に「軍事貴族」を含めていることが、混乱を助長した。「軍事貴族」は研究者の造語だが、その意味も使う人ごとに区々《まちまち》だった。例えば、「京武者」の提唱者は、「京において五位以上という貴族としての官位を有しながら、武芸を家職として活躍した清和源氏・桓武平氏両氏」だと定義する（前掲書三頁）。しかし、「京武者」の条件を独自に変えた前出の研究者は、「検非違使以上の官職に到達しうる家格・身分」の武士だと定義する（前掲論文二五九頁）。〈活躍の場が京である〉〈武芸が家職である〉〈清和源氏か桓武平氏の生まれである〉という縛りは、前者にはあるが後者にない。また、〈検非違使になれるなら五位でなくともよい〉という条件が、後者にはあるが前者にはない。要するに、二人は全く違う意味で「軍事貴族」を使っている。

実際、「軍事貴族」という言葉は曖昧すぎて、該当者を厳密に特定できない。貴族は五位以上だと線引きできても、「軍事貴族」とはどの程度まで軍事に携わった者を指すのか、線が引けない。また、歌人として著名な西行《さいぎょう》法師は、もと佐藤（藤原）義清《のりきよ》という藤原姓の武士で、平将門を討った藤原秀郷の子孫であり、父に至る四代（公光《きんみつ》・公清《きんきよ》・季清《すえきよ》・康清《やすきよ》）も武士（つまり世襲）で、曾祖父公清は五位に昇った。それでも彼の一家は、「京武者」提唱者の定義に従えば、源氏・平氏でないだけで「軍事貴族」と呼べない。しかし、

「軍事貴族」という四文字で表す集団から、源平以外を排除するのは適切だろうか。

このように、複数の定義が乱立しているという点でも、それぞれの定義に穴がある点でも、「軍事貴族」という言葉は危なく、使わない研究者も多い。その危ない言葉を定義に含んでいる「京武者」も、必然的に危なさを孕《はら》んでいる。

「京武者」は幻影——言葉も類型も院政期に存在せず

「京武者」の最大の弱点は、「京武者」という言葉が書かれた信頼できる史料が、これまで一つしか学界に示されていないことだ。その一つは、奇しくも第二章で〈天下＝京都〉という等式の根拠に用いた記録の、同じ文章だった（『中右記』天永四年四月三〇日条）。

実は、私はかねてから不思議に思っていた。私はかつて修士論文を書くために、活字で読める古代・中世の廷臣の日記（おおよそ一六世紀末まで）のほぼ全部に目を通したが、「京武者」を見た記憶がない。もし提唱者がいうように「京武者」が当時の武士の重要なカテゴリーなら、あれほどの量の史料に、もっと頻繁に現れてよいはずだ、と。

今回、念のために改めて索引や全文データベースを検索したが、右の印象は間違っていなかった。提唱者が示した一つ以外、全く「京武者」が現れないのである。

「京武士」なら山のようにヒットした。しかし、ヒットした事例は一つの例外もなく、「在京武士」という四文字の一部だった。「在京武士」を「在」と「京武士」に分割することは、絶対にできない（「在京」＋「武士」である）。そこで、脳裏に一つの疑いが湧く。「京武者」もまた、その種の、文脈から無理に切り離した言葉だったのではないか、と。

そこで、唯一の例文を精査し直してみた。重要なのでもう一度、現代語訳と一緒に掲げよう（二つのキーワードだけあえて読み下さず、カギカッコで挟んだ）。

今日申《さる》の時許《ときばかり》、「南京大衆《だいしゅ》」、宇治の一坂の南原の辺《わたり》に於《おい》て、「京武者」と已《すで》に合戦す。各《おのおの》の死者、互《たがい》に疵《きず》を蒙る者、多しと云々《うんぬん》。

今日の午後四時頃、「南京大衆」が宇治の一坂の南原のあたりで「京武者」と合戦する事件がすでに発生した。それぞれ多数の戦死者・負傷者を出したらしい。

では、この一文から、「京武者」を提唱者たちがしたように定義できるか。いうまでもない。〈五位以上に限る〉とか、〈六位でも検非違使ならよい〉とか、〈源平に限る〉とか、〈狭い所領しか持たない者に限る〉などという条件は、どこからも引き出せない。

右の一文は、要するに〈「南京大衆」と「京武者」が戦った〉と述べているだけだ。そこでは明らかに、「南京大衆」と「京武者」が対句《ついく》になっている。対句なら、「南京大衆」

の意味と構造がわかれば、「京武者」のそれも同じだと見なして差し支えない。「南京」は奈良（旧平城京）のことだから、「南京大衆」の意味は「奈良の大衆」であり、「大衆」は武装した下層の僧侶（いわゆる僧兵）なので、興福寺や東大寺に所属する大衆を指す。この嗷訴《ごうそ》では東大寺が動いていないので、「興福寺の大衆」だ。そして、これは一語ではない。所属を表す「の」を入れて「南京の大衆」と読むべき二語だ。ならば、対句の「京武者」も一語ではなく、「京の武者」と読むべきである。そして、正しい読み下し文は、「南京の大衆、宇治の一坂の南原の辺に於て、京の武者と已に合戦す」となる。

かくして、右の一文は「京武者」の存在証明でなくなり、「京武者」の存在を証明する例文がなくなった。「京武者」という熟語は当時存在しなかったと結論するのが自然だ。

右の記事を書いた藤原宗忠に、武士の類型を語る意図はない。脳裏にあったのは、〝南都から攻めてきた連中〟と〝京都から防衛に出動した連中〟が衝突する構図だけで、それを「南京の大衆」「京の武者」と書いたと解釈するほかない。そして、これを〝京都を本拠地とする武士〟と解釈することもできない。嗷訴は手強く、いつも朝廷は全力で防いだ。その、一人でも多くの武士を投入したい場面で、京都を本拠地とする者以外を除外して投入しない理由はない。その日その時、京都にいた武士は（本拠地などお構いなしに）全員投入されたに違いなく、それが「京の武者」の意味だ。

とすれば、なぜ「京武者」という三文字が、ほかの記録に一切用いられないのか、という問題にも答えが出る。〝京都にいる武士〟を意味する別の言葉が、すでに広く一般に使われていたからだ。先に言及した「在京武士（京に在る武士）」である。

居留地の観点からは、「在京武士」でこと足りる。そして血統の観点からは、「源氏平氏の輩《ともがら》」という定型句が、源平合戦の頃まで一つの社会集団を指して多用されており（一八五頁）、それで足りる。「在京武士」かつ「源氏平氏の輩」である人々を指す言葉が欲しいところだが、恐らくなかった。当時の記録が「天下（＝京都）の武者・源氏平氏の輩」と、くどくどしく二つを併記したのはその証左である（九五頁）。京にも地方にも定住せず流浪する、「都鄙往還《とひおうかん》」という武士の基本的なあり方を踏まえても、京や院の身辺にべったりの印象がある「京武者」という類型は想定しにくい（唯一それに合致する平正盛一家は、院から破格の寵愛を受けたゆえの例外で、類型といえるほど仲間がいない）。

その前提に立って話を戻そう。「源氏平氏の輩」は、平正盛が筆頭に躍り出た頃から急速に京都で統合され、その延長上に半世紀後の保元の乱がある。その統合は、実は嗷訴に対する反作用だった。その意味で、嗷訴は武士と京都のあり方を決定的に変えてゆく。

第四章　京都と天皇を呪う嗷訴、守る武士

――院政が生んだ反逆者と守護者

暴力に目覚める延暦寺——院政の敵としての嗷訴

本来、多数の勢力に分かれてばらばらに活動していた武士が、都という一点で、朝廷に束ねられて総動員されたのは、院政期が初めてだ。それをもたらしたのは、院と武士が一丸となって立ち向かうべき〝敵〟の存在だった。敵とは、〝神仏の代弁者〟を自称するギャングである。彼らが京都や朝廷に牙を剝《む》く軍事行動を、「嗷訴《ごうそ》」という。

白河院は「賀茂河の水、双六《すごろく》の賽《さい》、山法師《やまほうし》、是《これ》ぞわが心にかなはぬもの」と語ったという(『平家物語』)。有名な〝白河院の三不如意〟だ。鴨川は治水が困難で、大雨のたびに京を水没させた。双六はバックギャモンに似たボードゲームで、そこで振るサイコロの目は専制君主にも容赦なくランダムだった。それらは天災や確率なので、諦めるしかない。

しかし、三つ目の「山法師」は人災で、比叡山延暦寺の僧である。京都や朝廷で「山」といえば比叡山を指すと決まっており、延暦寺は日常的に「山門《さんもん》」と呼ばれた。比叡山延暦寺といえば、奈良末～平安初期に最澄《さいちょう》が開いた寺で、朝廷や平安京を守る鎮護国家仏教の拠点となった、という教科書のイメージが強い。しかし、そうだったのは最初だけだ。

摂関政治の時代以降、延暦寺は、天皇や神をも恐れぬ恐喝・暴力・収奪の拠点となった。

九世紀半ばに唐に留学した円仁《えんにん》・円珍《えんちん》は、持ち帰った資料・学説を研究教育する機関＝

「唐院《とういん》」を創立した。先に帰国して第三代天台座主《てんだいざす》（延暦寺の長）となった円仁の機関を前唐院《ぜんとういん》といい、後に帰国して第五代天台座主となった円珍の機関を後唐院《こうとういん》という。

死後に円仁は慈覚《じかく》大師、円珍は智証《ちしょう》大師という尊称を朝廷から与えられ、それにちなんで前唐院で学ぶ者を慈覚門徒《もんと》、後唐院で学ぶ者を智証門徒と呼ぶ。円仁は最澄の弟子、円珍は最澄の孫弟子（義真《ぎしん》の弟子）で、彼ら自身が立派な僧だったことは間違いない。

しかし、その弟子世代は違った。彼らは議論と思惟で真実を探求するより、殺し合いで相手を屈服させる道を選んだ。哲学上の学問的論争が武力闘争へと発展し、何と一〇〇年間も抗争を続けた。その中で、正暦《しょうりゃく》四年（九九三）、円珍系の智証門徒が比叡山を捨て、琵琶湖畔の大津付近の園城寺《おんじょうじ》（三井寺《みいでら》）を拠点に定めた。この園城寺を拠点とするに至った智証門徒を天台宗の「寺門派《じもん》」と呼び、延暦寺に残った慈覚門徒を天台宗の「山門派」と呼び、略して寺門・山門という。山門と寺門は不倶戴天《ふぐたいてん》の敵となって室町時代まで争い続け、互いに伽藍《がらん》や経蔵《きょうぞう》を焼き払うという暴力の連鎖に熱中した。

朝廷を脅す方法①神輿振り——御神体を担いでデモ行進

院政期までに、有力寺院の僧は、身分が高く学問と修行を専らにする「学侶《がくりょ》」と、身分が低く学問も修行もしない雑用係の下級僧侶に分裂していた。その下級僧侶を、当時の言葉で「衆徒《しゅと》」とか「大衆《だいしゅ》」という。衆徒は、外見こそ僧の格好だが、内実は俗人である。現代でも宗教法人が憲法上の〝信教の自由〟を楯に課税を免れるように、いつの時代も宗教者には特権が伴うので、宗教者を装った方が、利権の追求には有利だ。衆徒とは、それを見抜いた荒くれ者たちが、僧の格好をして徒党を組んだギャングである。

衆徒らは、自分たちの望み通りの決定を朝廷が下さない時、武力で恐喝すればよいと考えた。その恐喝行為を「嗷訴」という。学校では「強訴」という字で教えるが、古代・中世には「嗷訴」の方が多い。

「強訴」とは〝強く訴える〟ことではなく、〝自分の主張を天皇に強いる訴え〟だ。「嗷訴」の「嗷」は見慣れない字だが、調べると〝さわぐ／とどろく／ほえる〟など、ろくな意味がない。大人数の大音量で騒いで威嚇し、武器を振り回して脅迫し、手続きを無視して主張を押し通す訴訟が「嗷訴」であった。

衆徒は、天皇の意思も、朝廷の規則も、社会常識も、とにかく俗世界のルールや慣習は何でも蹂躙《じゅうりん》して顧みない。彼らはそれを、正当な権利と信じた。〈自分たちの行動は神や仏の意志であり、自分たちへの反抗は神や仏への反逆だ〉と信じたからだ。

日本では摂関政治の頃までに、在来の神への信仰と、仏教が重ね合わされて神仏習合になり、神と仏の関係を「本地垂迹《ほんじすいじゃく》」といった。日本の神は、実は民衆を導くために姿を変えて現れた仏の化身（迹《あと》を垂れた＝物理的に実体化した仮の姿）であり、神の本体（本地）は仏だとされた。そのため神社と寺は一心同体で、神社にはしばしば神宮寺《じんぐうじ》という、神社を管理する寺が付属した。というより、僧にいわせれば、神社の方が神宮寺の付属品だ。仮の姿である神に仕える神職と、真の姿である仏に仕える僧では、もちろん僧が偉い、と僧は信じた。比叡山の場合は、延暦寺が日吉《ひえ》神社（今の日吉《ひよし》大社）を支配した。

神職に対する僧の蔑視は強烈で、何世紀も神職は恨みをため続けた。その恨みは、明治維新になって、神仏分離・廃仏毀釈《はいぶつきしゃく》が起こった時、爆発した。比叡山のケースは有名で、日吉神社の神職らが延暦寺の仏像を喜び勇んで持ち去り、打ち砕き、薪《たきぎ》にして燃やした。

こうした緊張関係を孕みつつ、大寺院は神社を徹底的に利用した。神社には寺院にない大きな利用価値があったからだ。それが神の宿る御神体である。嗷訴とは、僧の命令で神職が御神体を振りかざして京に突入する、寺院と神社の合作だった。

神の権威の物理的な実体は、御神体である。奈良の興福寺のように、支配下の春日《かすが》神社の神人《じにん》（下級の神職）を動員して、神が宿る「神木《しんぼく》」を持ち運ばせてもよい。また、神はほかの依代《よりしろ》に移せるので、神輿《しんよ》（神が乗る御輿《みこし》）に移動させて、担いで京まで出張ってデモ行進すればよい。延暦寺は支配下の日吉神社を動員して、比叡山を鎮護する様々な神を載せた神輿をいくつも担いで京に突入した。そのような嗷訴の仕方を「神輿振り《みこしぶ》」という。

力づくで神輿振りを阻止したり、神人や衆徒に怪我などさせれば、それは神仏に対する露骨な挑戦・攻撃になり、神仏の罰を免れない。衆徒の要求はすなわち神の要求であり、神仏習合なので仏の要求である。それを飲まないなら神仏を敵に回して苦しみ抜け、というのが神輿振りだった。この日本史上最も恥ずべき脅迫行為に、有効な対策はなかった。そのため、嗷訴は戦国時代を迎える直前頃まで続く、中世京都の伝統行事になった。

朝廷を脅す方法②神輿を京中に放置――天皇を地上に引きずり下ろす

ところで、現代の神社の祭礼では、荒くれ者の男衆が大騒ぎして神輿を運ぶ行事が多い。東京の著名な祭礼は、ほとんどそうだ。あれは「神輿振り」以外の何ものでもない。また地方では、喧嘩御輿のように闘争本能むき出しの乱闘になる。そんな祭祀の仕方は、本来の神社祭祀にはないのだが、なぜ近世~現代に〈祭といえば御輿〉になってしまったのか。あれは嗷訴の名残ではないか、と私は疑っている。小難しくて静かで退屈な正式な祭より、神様を担いで一暴れする方が、楽しいので民衆文化として残りやすい。もし嗷訴の名残なら、非常事態のデモ行進が形骸化して年中行事化するという、とても興味深い現象だ。

　話を戻すと、神輿振りだけでは、朝廷も折れない時がある。そこで、神輿や神木を京の路上に放置してしまおう、と誰かが思いついた。路上に神を放置するのは極めて無礼な仕打ちで畏《おそ》れ多いが、その罰は衆徒をそこまで追い込んだ朝廷が受ける、と衆徒は主張した。詭弁《きべん》だが、朝廷は手を出せない。御神体に手を触れて運べるのは、専属の神職だけだからだ。彼らは、朝廷が要求を呑まない限り動かない。その間、神の怒りは蓄積され、いずれ朝廷に向けて爆発するが、それでもよいなら好きにせよ、と衆徒はいっているのである。相手に神の罰が下るよう誘導するのであるから、これは一種の呪詛《じゅそ》だ。

　そこまでするなら、もっと強烈なのはどうだ、と荒技を思いついた者もいた。内裏に乱入して、御神体を内裏の床の上に放置するのだ。天皇は畏れ多くて御神体と同居できないから、内裏を去るしかない。しかも、御神体と同じ高さにいると僭越《せんえつ》なので、まず天皇は地面に下りて跪《ひざまず》かねばならない。御神体を内裏に放り込むだけで、天皇を地べたに引きずり下ろせるのだから、これは途轍もなく効率的な脅しになった。もちろんその御神体も専属の神職しか回収できず、天皇は要求を呑まねば自宅に帰れないから必ず要求を呑むはず、という仕組みだった（桃崎有一郎二〇〇八）。

朝廷を脅す方法③呪詛――「仏の敵は苦しんで死ぬがよい」

もう一つ、積極的な攻撃の手段があった。「不幸になれ」と祈願するのである。仏教が人を傷つけるなどまさか、と思われるかもしれないが、仏教を甘く見てはいけない。仏教には、不信心な者を傷つける呪いが仕込まれている。証拠を見たければ、多くの宗派で根本経典として重視される『法華経《ほけきよう》』の最終巻（巻二八）「普賢菩薩勧発品《ふげんぼさつかんぼつぽん》」の末尾を読むとよい。『法華経』を馬鹿にする者は、罰として究極の苦痛を受けると書いてある。それは、地獄の業火に焼かれるとか、無限の労役を強いられるという類の生ぬるい死後の罰ではなく、生きながら、常軌を逸した身体的な苦痛を与えると書かれている。それを読んだ時、私は自分の信仰心を仏教に向ける気が完全に失せたものだ。

仏教は、〈仏教の敵は絶対悪なので、いくらでも苦しめ〉という考え方を卒業できなかった。仏に他人の死や不幸を願って実現するなら、それは仏が仏敵《ぶつてき》＝絶対悪と判定した結果なので、殺戮ではなく善行だ、と。そうした仏教式の呪いを「調伏《ちようぶく》」という。

調伏が嗷訴をどうフォローするのか、実例を挙げよう。鎌倉後期の弘安《こうあん》六年（一二八三）、天王寺別当《てんのうじべっとう》の人事をめぐって、山門は自分に有利になるよう神輿振りを行った。しかし当時、幕府の主導者だった安達泰盛《あだちやすもり》は山門の競争相手に肩入れし、嗷訴を鼻にもかけなかった。そこで山門は、「大法《たいほう》・秘法《ひほう》を修して」「山訴障碍《さんそしょうげ》の一党を調伏」した。大がかりな秘密の呪《まじな》いを行って、山門の主張を邪魔する泰盛たちを皆、呪詛したのである。

その甲斐あって、その年の一一月に霜月騒動《しもつき》という政変が起こり、安達泰盛は一族もろとも滅ぼされた。そこで朝廷・幕府は怖れをなして、山門に都合のよい結論を出して一件落着した、と回顧した延暦寺側の記録がある（『南禅寺対治訴訟』〔『大日本史料』六―三〇―二七頁〕）。霜月騒動では、五〇〇人を超える御家人が殺された。それを延暦寺は、「我々に逆らったから全員呪い殺してやった、ざまを見ろ」とばかりに嬉々として誇らしく語る。この記録を初めて見た時、私は延暦寺の底知れぬ闇の深さを感じ、慄然とした。

白河院政の画期性①――山門の嗷訴が初めて記録される

これらの〝積極攻勢〟を、有力寺社が本格的に使い始めたのが白河天皇の時だった。白河天皇が在位中の承暦《しょうりゃく》三年（一〇七九）六月、延暦寺の僧千人が蜂起した（『為房卿記』）。発端は祇園社の感神院《かんしんいん》の人事だった。祇園社（今の八坂神社）は、神仏習合により、感神院という寺院に支配されていた。その感神院・祇園社を、延暦寺はいつからか末寺《まつじ》・末社《まつしゃ》（支配下にある寺院・神社）だと主張していた。末社の祇園社の人事は延暦寺の支配下にあるはずだが、感神院のある人物が延暦寺の意向を無視して、自分の職位を誰かに譲与したらしい。延暦寺は怒り、「その譲与は無効で延暦寺の人事案が正式決定だと、その極悪人に認めさせる命令を出して欲しい」と朝廷に要求したが、すぐに受諾されなかった。

そこで延暦寺の衆徒が千人も蜂起し、京を目指した。六〇〇人と二〇〇人が、六〇〇巻の大般若経《だいはんにやきよう》と二〇〇巻の仁王経《にんのうきよう》を一人一巻ずつ捧げ持ち、残る二〇〇人が甲冑と弓矢で武装していた。記録上確認できる、初めての山門の嗷訴である。彼らは「朝廷が受け入れないなら天神《てんじん》に訴える」と騒いで行進した。天神とは、北野社《きたのしゃ》（今の北野天満宮）に祀《まつ》られる菅原道真の霊である。道真は政争に敗れて九州に左遷されて失意のまま没し、後に祟《たた》って藤原氏に復讐した強烈な怨霊だった。北野社は、道真を宥《なだ》めてその力を鎮護国家のために使わせようと仕向けた神社だが、山門はその祟る力を味方につけようとしたのである。

この段階の山門の嗷訴は、神を巻き込んではいるが、天神という、よその神を借りた。自分の鎮守社の神輿を担いで威嚇するという発想には、まだたどり着かなかったらしい。彼らは宗教的アイテムとしては経典だけを持ち、行列も延暦寺の僧だけで完結していた。

しかし経典では、威嚇効果が弱い。経典は仏の教えが書かれた紙にすぎず、それ自体に仏が宿るわけではない。経典を捧げ持つ僧の行列に出くわしても恐くはないし、その行進を妨げたくらいで仏の罰が下るとは思えない。この行列は脅しにならなかった。

結局、彼らは北野宮寺《ぐうじ》（北野社を支配する寺）に入って、持参した経を転読《てんどく》するだけで帰った（転読は、部分的に読んで一巻全部読んだことにする裏技。大部の経典を読む時に多用された）。大般若経や仁王経を音読されても、恐れる理由はない。特に、仁王経は『仁王護国般若波羅蜜多経《はらみつたきよう》』とも呼ばれたように、鎮護国家の効験がある経典なので、読めば読むほど朝廷に有利になる。読みたければ勝手にどうぞ、と白河天皇は思ったことだろう。

白河院政の画期性②——嗷訴が神の怒りを装い始める

これでは駄目だ。だいたい仏というものは、慈悲が売りの救済者なのだから、猛り狂って人に災厄をもたらすイメージがなく、どうしても〝恐怖の支配者〟になり得ない。

そこで神の出番だ。八百万《やおよろず》の神々は仏と違い、慈悲が売りではないし、人類の救済が存在意義でない。仏と違って人柄も未熟で、自己都合や欲望に忠実で、怒れば我を忘れて猛り狂い、人類に災厄をもたらす。この怒れる神々を前面に押し出せば、威嚇になる。

天皇や朝廷は、神に滅法弱い。〈日本は八百万の神々が住む国で、その頂点に天照大神がいる〉という世界観を創作して全日本人に押しつけたのが、天皇・朝廷自身だったことが大きいだろう（六世紀末の飛鳥時代には、まだ朝廷自身がその世界観を持っていなかった証拠がある）。人に押しつけた以上、彼らには神祇祭祀《じんぎ》（神への信仰）を蔑《ないがし》ろにするという選択肢はあり得ず、その世界観は朝廷の努力の結果、定着した。南北朝時代に南朝の北畠《きたばたけ》親房《ちかふさ》が著した歴史書『神皇正統記《じんのうしょうとうき》』は、冒頭で「大日本は神国なり」と宣言した。有名な一節だが、彼のオリジナルではない。古代から何度も語られた決まり文句で、いつも「朝廷を正しい形に戻そう」という文脈で語られた。神祇祭祀は朝廷そのものだった。

仏教は外来思想なので、朝廷・日本国の成り立ちに必須でない。中世には何度も仏教界が荒れ、仏教破滅の兆しが悲しまれたが、それは所詮、〈現世と来世で苦しむ〉程度の話だ。それに対して、古代・中世日本の世界観では、神々は国土そのものだ。そのため、神々への祭祀を怠ることは、〈生きるのが苦しい〉というレベルの話ではなくなる。人々が暮らす国土そのものが、世界が、人類が、存続できなくなるという話になる。したがって天皇も、朝廷も、後には幕府も、誰もが神祇祭祀を最も重要な仕事と見なした。朝廷でも幕府でも、政策や法を制定する時には、必ず神事（神祇祭祀の興隆）を第一に取り扱い、第二に仏事（仏教興隆）を取り扱い、最後に人間界で完結する行政問題を取り扱った。

この神々への強い信仰を逆手にとり、足元を見て、山門をはじめとする有力寺院は自分たちの要求を〝神の意思〟に仕立て上げた。それもまた、白河院の時代に始まったことだ。こうして顧みると、嗷訴とは多人数で押し切る数の暴力、信仰心を人質にした精神的暴力、そして物理的暴力と、まさに暴力のデパートというにふさわしい。

白河院政の画期性③――君主の直接指揮で武士が総動員され京都で戦う

本書の関心は、嗷訴そのものより、嗷訴がもたらした連鎖反応の方にある。繰り返すが、記録上初めてとなる承暦三年（一〇七九）の山門の嗷訴では、二〇〇〇人が弓矢で武装していた。弓矢は最強の武器、弓矢の使い手は最強クラスの戦士であるから（『武士の起源を解きあかす』）、この嗷訴は、全力で防御せねばならない国家防衛上の危機だった。

白河天皇はただちに、鴨川の堤防を背に布陣して、東からの進攻を防ぐよう河川敷に防衛線を構築させた。そこで何より重要なのは、その防衛線をほとんど武士が担ったことだ。

召集されたのは、前下総守《さきのしもうさのかみ》源頼綱《よりつな》・甲斐守源仲宗《なかむね》、検非違使では衛門尉三人（平季《すえ》衡《ひら》・平季国《すえくに》・紀章成《のりなり》）と衛門志《さかん》・府生《ふしょう》が各一人、それに検非違使でない右衛門尉平正衡《まさひら》・

平宗盛《むねもり》だった。源頼綱は頼光の孫、源仲宗は頼信の孫、平季衡・正衡は兄弟で平貞盛の曾孫（維衡《これひら》の孫、正度《まさのり》の子）である。その正衡こそ正盛の父、つまり著名な清盛の曾祖父にあたる人だ。要するに、源氏・平氏の主要な武士が、軒並み動員されたのだった。

これが〝嗷訴がもたらした連鎖反応〟である。嗷訴が京を脅かした結果、在京武士が総動員されて統一的に指揮され、実戦配備された。また、従来は個別に地方で合戦していた武士が、天皇の直接指揮下で京で合戦した。それらはすべて史上初めての現象だった。

白河天皇は上皇・法皇になっても、嗷訴のたびにこれを繰り返した。つまり、院が武士を掌握・総動員して京で戦わせる形は院政に特有であり、白河院の個性に源がある。嗷訴は、連鎖的にこの形をもたらし、武士と京都の歴史を変えた点でこそ、重要なのだった。

その嗷訴が初めて記録されたのも、白河天皇の治世だ。白河院（天皇）は、中世京都の風物詩となった嗷訴を生み出し、武士が君主のもとに総動員される中世初期の基本形を生み出し、そしてその武士に合戦をさせる京都の戦場化を初めてもたらした。白河院政が京都の誕生と武士の歴史にもたらした影響は、あまりに絶大であり画期的だったといえよう。

白河院が主要な武士を総動員できたのは、京都の防衛という、世論が全面的に支持する理由があったからだ。それは武士にしかできない仕事であり、守る対象が京都だからこそ成立した統合だった。誰もが、〈院が源平の武士を総動員して京を守らせる〉という形を必要とした。京都は、武士の統合という歴史的変革を促した、重要な触媒なのである。

嗷訴が本格化すると、京都は別の役割も果たし始めた。出陣する武士の進軍パレードの舞台である。京を舞台に主要な武士が勢揃いする様子は、要するに武士のオールスター戦だった。しかも彼らは、甲《よろい》・冑《かぶと》などの防具、太刀《たち》・弓矢などの武器、そして馬具に至るまで、思い思いに素材と色を工夫し、印象的な映像美を見せつけた。目撃者に際立った印象を与え、記憶され、名誉を語り継がれるためだ。それはさながら、武士のファッションショーであり、彼らが行進する京の街路は、モデルが歩くランウェイと似ていた。

嗷訴は乳幼児の号泣の類——実害はないが耐え難い喧騒

右の最初の嗷訴から二年後の永保《えいほう》元年（一〇八一）三月、大和の多武峰《とうのみね》の衆徒六〇〇人ほどが大挙して京に入り、鴨川原に群集した。多武峰は、藤原氏の祖・鎌足《かまたり》の墓所から発展した寺院（今の談山《たんざん》神社）で、詳細は不明だが、この時は闘乱に至らなかった（『帥記』）。

翌永保二年一〇月には、紀伊の熊野山（今の熊野神社）の衆徒三〇〇〇人が、新宮《しんぐう》と那智《なち》（本宮《ほんぐう》と並ぶ熊野三山の二つ）の神輿を担いで、京の東の粟田山《あわたやま》に押し寄せた。衆徒は神輿を山の入口に安置し、内裏の門に群集して尾張《おわり》国司の処罰を求めた。国司の家人《けにん》が衆徒を殺したからという。この時も、それ以上の暴力沙汰にはならなかった(『扶桑略記』)。

四年後の応徳《おうとく》三年(一〇八六)、白河は退位して院政を開始する。その七年後の寛治《かんじ》七年(一〇九三)八月、今度は興福寺の衆徒が春日社の神人を率いて京に殺到し「近江守《おうみのかみ》の高階為家《たかしなのためいえ》が春日社領の民に暴行したので処罰せよ」と求めた。神人は神体の鏡を持参し、その光り輝く様が印象的に記憶された。神体が嗷訴で京に持ち込まれる時代の到来だった。朝廷では関白藤原師実《もろざね》が院に事情を告げ、翌日には内大臣藤原師通《もろみち》(師実の子)以下が評議し、翌日には為家を土佐に流罪、関係者も官職の罷免・罰金などの処罰を受けた。

このスピーディな対応に大衆は満足して帰ったが、これで興福寺も味を占めた。興福寺の場合、藤原氏の氏寺(春日社は氏神)だという独自の強みもあった。興福寺・春日社を怒らせると、氏寺・氏神から見放される(と興福寺は信じさせた)ので、朝廷上層部の圧倒的多数を占める藤原氏が怖れをなし、あっという間に朝廷の世論を興福寺有利にまとめてしまうのである。朝廷の評議に太政官トップの左大臣源俊房《としふさ》が加わらず、第三位の内大臣藤原師通が仕切ったのも、藤原氏の問題だったからである(『百練抄』)。白河天皇の在位中や譲位から日が浅い時期に起こった右の四度の嗷訴は、まだ過激な物理的暴力の行使に至っていない。承暦三年六月の最初の嗷訴は「喚呼《かんこ》の声は天に満ち、訴訟の詞《ことば》は人を驚かす」(『為房卿記』)と大騒ぎになったが、要するにやかましいだけだ。

それはちょうど、赤ん坊の泣き声に似ている。実害はないが、阿鼻叫喚に似た騒音に晒され続けるのである。そこでほとんどの人は根負けして降参するが、動じない人にとっては何でもない。その動じない一人が、白河院だった。

朝廷を強気にした白河院の個性が嗷訴を呼び起こす

しかし、ならば動じるまで圧力を上げよう、となるだけだった。興福寺の嗷訴から二年後の嘉保《かほう》二年(一〇九五)一〇月、いよいよ山門が牙をむき始める(『中右記』)。

ことの発端は、美濃《みの》国の延暦寺領の荘園をめぐる騒乱だった。現地で荘園を経営する延暦寺の下級の僧が、「非道」な行いを重ねて地域の秩序を乱したため、美濃守だった源義《よし》綱《つな》が朝廷に通報した。朝廷から延暦寺に事実関係を問い合わせたが、「こちらでは関知していません」と惚《とぼ》けた。白河院を甘く見て、しらを切れば逃げ切れると信じたのだろう。

しかし、白河院は期待に反して、山門に思い知らせることにした。「非道」の延暦寺僧を追討《ついとう》せよと、義綱に命じたのである。「追討」は死刑宣告と同じ殺害命令で、朝廷が出す処分としては極めて重い（三六頁）。義綱は命令通り延暦寺僧を追討し、合戦の末、延暦寺僧が一人射殺され、数人が捕虜になった。捕虜は赦免されたが、一人が射殺されたことで山門は怒り、「義綱を流罪に処せ」と朝廷に訴えた。ところが白河院は、「義綱は朝廷の命令で戦っただけ、その僧も運悪く流れ矢に当たっただけで、義綱に罪はない」と一蹴した。そこで、山門の大衆が実力で訴えを押し通そうと、京へ殺到することになった。

一六年前から山門は嗷訴を始めていたが、神輿を用いた神輿振りは、この時が初めてと考えられている。神輿振りという手法も、白河院の治世の産物だったのだ。しかも白河院の時代は、山門・多武峰・熊野山・興福寺など、様々な有力寺社が一斉に、嗷訴を行い始めた時代だった。すると重大な疑問が湧く。なぜ、嗷訴は突如、集中的に、この時代に始まったのか。学校では教わらないし、教科書にも載っていなかったが、今ならわかる。

白河院の時代、つまり院政が始まった時代は、朝廷と有力寺院の関係をどう変えたか。答えは単純だ。白河院の朝廷は従来のどの時代よりも、宗教勢力に対して強気だったのだ。摂関政治期には、衆徒が大人数で京へ殺到することはなかった。なぜか。初段階の示威行為だけで、朝廷が脅しに屈し、要求を呑んでしまうからだ。そうである限り、嗷訴のような強硬な抗議行動は必要ない。ところが、白河天皇の在位中に祇園社感神院の人事で揉めた一件（一五二頁）では、千人の衆徒が「朝廷が受け入れないなら天神に訴える」と騒いで京に入った。嗷訴の前提には、〈寺社の要求を呑まない〉という朝廷側の態度があった。

史上初の山門の神輿振りで、その様相は鮮明になる。山門が処罰を要求した源義綱を、白河院は徹底的に庇《かば》った。本当は延暦寺僧が故意に射殺されたかもしれないのに、事実関係を調べもせず、「流れ矢に当たって死んだだけ」と断定した。そこに、白河院のメッセージが明らかだ。「細かい事実はどうでもよい。義綱は朕《ちん》の命令に従って戦ったのだから、その一点だけで彼の行為は正当だ。その義綱に罪ありとするのは、朕の命令を非難するのと同じだ。朕は、断じてそれを受け入れない」というメッセージである。白河院は、衆徒が京へ押し寄せるという風聞が流れても、なお山門の要求を拒否した。

「神仏は朕の味方」――白河院の万能感が招く嗷訴弾圧

さらに白河院は、神社の統制を司る神祇官《じんぎかん》にこう命じた。「神社に仕える神職や民が猥《みだ》りに訴訟を起こし、神輿を担いで京都に持ち込むことは何度も禁じてきた。しかし山法師が猥りに蜂起して禁令を破ろうとしている。そんな犯罪者は神輿を担いでいても遠慮せず排除する。「そう処置しますが、神々の皆様も異存ありませんね」と神々にお伝えし、各神社へ伝えよ」と。ここに、白河院の信仰心と嗷訴対策の折り合い・着地点が明らかだ。神輿は、神が宿らなければただの木材だ。衆徒は「宿っている」と主張するが、そんな下々の者に神の意思を代弁されてたまるか。神には直接、こちらから問い合わせて確認してやる。下々の者が神輿を振り回しているが、あなた様は関知していないですよね、と。

白河院は、神を恐れなかったのではない。衆徒・神人ごときが神の代弁者だとは、微塵も思わなかっただけだ。彼の嗷訴に対する強気は、神々が下級の僧侶・神職のいいなりではなく自分の味方だ、という確信に由来すると考えるしかない。この考え方に到達できる精神、自分に都合よく、自分が信じたいように神を信じる精神が、白河院の強さだった。

彼に漲《みなぎ》る自信は、院政という政治形態の賜物だろう。摂関政治では、どれだけ摂関が権力を握っても、所詮は天皇の代行者や最高顧問になった臣下にすぎず、決して君主にはなれない。それに対し、院政を敷く上皇（治天《ちてん》）は、かつての天皇で、血統も実績も君主として申し分ない。しかも、現天皇より実績があり、現天皇の直系尊属であり、現天皇は治天が皇位を譲ったお蔭で天皇になれたという点で、天皇より治天の方が強い。そして飛鳥・奈良時代から、日本には元天皇が実質的に国を統治する伝統があり、さらに白河院や父の後三条院は外戚が摂関家の主流派でないので、摂関家の親権の影響を受けない。

このように、白河院は文字通り何一つ、誰にも遠慮する必要なく、何の負い目もなく、ただ思う存分に君主（王者）として振る舞う資格がある（と信じられる）最高権力者だった。それが、院政を敷いた歴代の治天に共通する、飛び抜けた万能感の源泉である。

白河院の三不如意（鴨川の治水、サイコロの目、山法師）の話からは、逆に、それ以外はすべて自分の思い通りになる、という彼の自信を読み取らねばならない。となると、残るたった三つが思い通りにならないことへの苛立ちは、通常より大きかったに違いない。宗教勢力は、いつも〈自分たちだけは特別だ〉という特権意識を持っている。どんな政府になっても、自分たちだけは規制や徴税を逃れ、利権を保障され、好きに振る舞えると思っている。それは万能であるべき治天の権力と相容れない、徹底弾圧すべきものだった。

その白河院が朝廷の最高権力者であった期間は、在位中の足かけ一五年＋院政の足かけ四四年間で、合計足かけ五八年間に及んだ。その半世紀を超える治世の間、朝廷は空前の強気で衆徒・神人に対抗した。白河院は徹底して妥協を排除したので、どちらかが疲れ果てるまでぶつかり合う結末しかなかった。それが嗷訴という、本来なら最終手段であるはずの衝突が、いとも簡単に発生した最大の原因だろう。衆徒・神人としても、意地の張り合いに持ち込まれてしまうため、振り上げた拳で殴りかかるしかなくなるのである。

武士との力比べに嗷訴は勝てない

あくまでも義綱の処罰を求める山門の嗷訴に対して、白河院は今回も武士を動員し、内裏の出入口各所と鴨川の川原に防衛線を敷いた。ボスが相手に少しも怯まないので、前線も戦意旺盛《おうせい》だった。白河院が徹底抗戦・取り締まりを宣告した翌日、衆徒・神人が少数で京に入ろうとしたが、川原で武士に遮《さえぎ》られた。中でも、源頼治《よりはる》の軍勢は容赦なかった。

源頼治の曾祖父は、満仲の次男頼親《よりちか》である。頼親は三度も大和守を勤め、その実績を足がかりに、彼の一家は大和に強力な地盤を築いてゆき、大和源氏と呼ばれる。その大和は、興福寺（と一体化した春日社）が自分のものと思っている国なので、興福寺・春日社は激しく反発したが、頼治は容赦なく実力で支配を進めた。つまり、頼治は興福寺・春日社などの宗教的権威を、恐れない人物だった。宗教的権威を笠に着て武力で京・朝廷を脅かそうとする山門を防ぐのに、彼ほどの適任者はいない、ということだ。

頼治の軍勢は山門の衆徒・神人に矢を浴びせ、僧三人・禰宜《ねぎ》（神職）一人に命中させて、残る敵を敗走させた。被害者が増えた山門はさらに怒ったが、源義綱が院の命令で鴨川原の防衛を固めたため、ついに突撃を諦めた。この騒動で「武勇の士（武士）」が「京都に盈《み》ち満ちた」と記録にある（『中右記』）。白河院は、力に力で対抗する路線を徹底し、力づくで押し返したのである。力比べなら、武士を一手に掌握するこちらに勝てると思うなよ、というメッセージだった。武士の強さは圧倒的で、烏合の衆の嗷訴は敵ではなかった。

ただ、根比べとして見るなら、寺社も負けていなかった。神仏に仕える自分たちは特別扱いされて当然、世俗の権力に強気に出て当然、という確信を失わなかったのであり、その意味で彼らの精神も強かったのだ。そうした鋼のメンタルの持ち主同士を対立軸にして、嗷訴は無限に頻発した。白河院がどれだけ力の差と意志の強さを思い知らせようとしても、無駄だった。相手の屈服以外を認めない特権意識同士、意地の張り合いは終わらない。

嗷訴が成果を挙げるトリック

とはいえ、衆徒は利益に聡《さと》い現実家だ。失うものが多くて得るものが少ないばかりなら、いつまでも嗷訴を繰り返すはずがない。嗷訴は何らかの意味で、有効な手段だと認識され続けたのであり、つまり、嗷訴を行えば主張が通る時があったのだ。しかし、あの強硬な白河院に、どのように要求を呑ませたのか。そこには、面白いトリックがあった。

長治《ちょうじ》二年（一一〇五）一〇月、山門の衆徒が数千人も蜂起し、京の東の祇園社に集結して、神輿を担いで大内裏の陽明門《ようめいもん》に押し寄せた。大宰権帥《だざいのごんのそち》の藤原季仲《すえなか》と、石清水《いわしみず》八幡宮別当の光清《こうせい》、検非違使左衛門尉の中原範政《のりまさ》を流罪にせよ、と要求するためだった。三人はそれぞれ、別々に山門の利権を侵害したようだが、興味深いのは石清水八幡宮の反応だ。

石清水社では八幡宮寺《ぐうじ》が八幡宮を統轄しており、最上位に僧が勤める別当があり、その下に俗人（神職）が勤める俗別当《ぞくべっとう》があった。その別当が今回、山門の訴えで罷免されそうになった。それを回避したい石清水八幡宮は、俗別当を筆頭に、大内裏の別の門である待賢門《たいけんもん》に大挙押し寄せて、山法師が八幡宮領の神人を何人か刃傷《にんじょう》した事件を訴え、別当を罷免しないよう訴えた。夜間だったこともあり、双方の嗷訴が小競り合いも始めたようだ。

これは、現代日本の裁判制度の「反訴《はんそ》」に似ている。反訴とは、原告が被告を訴えている裁判の最中に、逆に被告が原告を提訴する反撃である。もっとも、嗷訴は裁判所に対する脅迫に等しいから、原告と被告が嗷訴した場合、裁判所を板挟みにして脅迫することを意味した。すると朝廷の敵が二倍に増えてしまう。朝廷は二つの嗷訴をどちらも蹴散らす必要があるが、当時の朝廷の力では、二つの有力寺社を同時に敵に回す余裕がなかった。そこが付け目で、山門も石清水社も、そうと知っていて朝廷を追い込んだのだろう。

そうなると、朝廷の選択肢は一つしかない。山門か石清水社か、どちらかを勝訴とすることだ。右の事件では結局、朝廷は山門の要求通り三人を罷免し、罪についても追って審議すると約束したため、山門の衆徒は喜んで帰った（『中右記』）。

その結末は、〈山門の要求が嗷訴で勝ち取られた〉という実績のように見える。そこがまずかった。結局、どう裁決しても一方の要求通りになるのだから、朝廷が二つの嗷訴の板挟みになった場合は必ず、一方の嗷訴が有効だった、という形を残してしまう。

嗷訴対策の変奏曲としての保元の乱

かくして、嗷訴にはそれなりの有効性がある、と結論されることになる。その結果、嗷訴はいつまでも盛んに行われ、鳥羽院政期に入っても激化する一方だった。保延《ほうえん》三年（一一三七）二月には、僧正《そうじょう》（僧官の最上位）の人事をめぐって、興福寺の衆徒が何と七千人も、春日社の神体を携えて入京した（『百練抄』）。久安《きゅうあん》六年（一一五〇）八月にも興福寺の衆徒が数千人、榊《さかき》（神前に供えたり装飾する常緑樹）の先端に鏡を付けた神体を掲げて入京した。もはや人数が一桁《けた》増えており、嗷訴の規模は肥大化していった。その人数で「法螺《ほら》を吹」いて行進したので、京中は常軌を逸した喧騒に包まれた（『本朝世紀』）。

嗷訴を防ぐのは、相変わらず武士だった。保安《ほうあん》四年（一一二三）七月に山門の衆徒が嗷訴した時には、平忠盛と源為義が防戦してかなりの死者を出した（『百練抄』）。また右の久安六年の興福寺の嗷訴では、源頼賢《よりかた》が鳥羽院の御所を警護し、源光保《みつやす》が内裏を警護し、平家弘《いえひろ》が崇徳院を警護した。源頼賢は為義の後継者と目されていた息子で、わずか六年後の保元《ほうげん》の乱では、父為義とともに崇徳院の軍勢として参戦している。実は、平家弘も崇徳院方として乱に参加し、源光保も後白河天皇方として参戦していた。

するとここに、保元の乱の本質が見えてくる。保元の乱の主な出演者は、嗷訴を防衛するために院政に動員されていた武士と全く重なる。つまり保元の乱は、嗷訴に備えて武士を総動員する院政の権限が真っ二つに割られ、〈嗷訴から君主を守る力〉を、〈君主候補同士が戦う力〉として使った戦争だ。保元の乱は、嗷訴対策の変奏曲《アレンジ》といってよい。

その保元の乱こそ、「武者の世（武士が主役の時代）」を到来させた大変革だった。京都はそこで、最後の産みの苦しみを味わう。これまで、小規模な個人的闘乱や嗷訴の衝突ならともかく、戦争といえる規模の殺し合いは、一度も京都の内部で行われず、京都はせいぜい、戦後の凱旋パレードの舞台という形でしか、戦争と関わらなかった。戦争の舞台は常に外であり、誰もが、京都は安全な観客席だと思っていた。ところが、保元の乱はあっさりその幻想を裏切った。京都の禁断の使い道、つまり戦場化が解禁されたのである。

第五章　破局する京都と保元・平治の乱

――武士が都を蹂躙する「武者の世」

摂関家の主導権争い――忠実・頼長と忠通の対立

「武者の世」の前奏曲を奏でたのは、急速に転落してゆく摂関家の断末魔の叫びだった。最盛期を過ぎた摂関家が急速に転落し、白河院政の手玉に取られて屈従していった様子は、第二章で述べた通りだ。藤原忠実《ただざね》が白河院を怒らせて関白を息子忠通《ただみち》に譲らされた時、忠実はまだ四四歳で、脂が乗りきっていた。忠実は、忠通が「関白を継承せよ」という院の命令を固辞しなかったことも気に入らず、それを親不孝だと思った。一方、忠通にすれば、白河院の命令を拒否する父の案など、危険すぎて話にならない。固辞し通せば、院は別の者（摂関家の庶流）に摂関の地位を与える危険性さえゼロでないのだ。

忠実には忠通しか男子がなく、忠通の栄達を妨げると摂関家自体の消滅に直結するので、忠通に手を出せなかった。ところが、忠実は逼塞《ひっそく》していた宇治で、次男の頼長《よりなが》を儲けた。これで頼長を未来の摂関に育て上げて、心置きなく忠通と戦えるようになった。

忠実の逼塞も忠通の抜擢も、白河院という専制君主の意志であるから、逆に白河院さえ世を去れば事情は変わる。その日は大治《だいじ》四年（一一二九）に訪れた。崇徳《すとく》天皇の父として鳥羽《とば》院が院政を開始すると、忠実は政界に復帰した。鳥羽院は忠実を毛嫌いせず、天承《てんしょう》二年（一一三二）に内覧の地位を与えて本格復帰を助けた。しかし、関白忠通と同等の権限を持つ内覧として忠実が並立したことで、摂関家の権力は完全に分裂した。関白忠通が罷免されなかったのは、実績がある上、罷免に値する罪が一つもなかったからだ。

二人は、熾烈な入内競争《じゆだい》を繰り広げた。忠実は、かつて自分の失脚で頓挫した娘泰子《やすこ》の入内を果たし、とんとん拍子に女御・皇后へと出世させた。忠実は保延《ほうえん》六年（一一四〇）に出家して宇治に隠棲したが、頼長を忠通への対抗馬として育てることに専心した。

頼長は急速に昇進し、保延二年にわずか一七歳で内大臣になった。当時、一上《いちのかみ》（太政官の首班）は左大臣源有仁《ありひと》だったが、彼が久安《きゆうあん》三年（一一四七）に死去すると、頼長は内大臣のまま一上に指名され、二八歳で太政官の首班となった。これで忠実・頼長親子は、摂関に対する太政官の独立性を楯に、関白の権力を制約できるようになった。さらに三年後の久安六年、元服した近衛《このえ》天皇に、頼長は養女の多子《まさるこ》を入内させて皇后に立てた。

忠通も反撃し、養女の呈子《ていし》を入内させて近衛天皇の中宮《ちゆうぐう》とした。皇后と中宮は同格なので、これで勢力伯仲になるが、忠通にはもう一つ武器があった。中宮呈子は、以前に近衛天皇の生母・美福門院《びふくもんいん》（藤原得子《なりこ》）の養女になっていて、彼女の後ろ盾を得ていたのだ。

鳥羽天皇の皇后として晩年まで寵愛された美福門院は、絶大な権威を持った。美福門院と手を結べば鳥羽院を味方にでき、美福門院の政敵は鳥羽院政への反逆者に仕立てられる。

その後の保元《ほうげん》の乱の根底にある対立軸は、実は後白河天皇と崇徳上皇ではない。乱の直前に没した鳥羽院の権威を全面的に継承した美福門院の一派と、その政敵の対立だった。焦った忠実は、八年前から摂政に在任していた忠通に「摂政の地位を頼長に譲れ」と露骨に迫った。しかし、忠通は頑として拒否し、これで決裂した。忠実は忠通を義絶して親子の縁を切り、忠通から藤氏長者《とうしのちょうじゃ》（藤原氏の首領）の地位も剝奪して、頼長に与えた。それは「悔返《くいかえ》し」だった。悔返しとは、親が子に与えた財産を、自由に取り返せる法慣習だ。

摂政・関白は天皇が与える地位なので、忠実の一存で没収できない。しかし、忠実が忠通に譲った氏長者の地位は、自由に「悔返し」できる。その年の一〇月、忠実は、忠通に譲り与えた家地・荘園も「悔返し」て、鳥羽院に献上した。私利私欲による行動でないことを示し、また鳥羽院の歓心を買うためだろう。親子喧嘩に巻き込まれたくない鳥羽院は受け取りを躊躇《ちゅうちょ》したが、忠実の押しに根負けして受け取ったという（『台記』）。

東三条殿と朱器台盤——藤原氏の長者の象徴

藤氏長者の地位は、「東三条殿《ひがしさんじょうどの》（東三条第《てい》）」と「朱器《しゅき》台盤《だいばん》」で象徴された。

東三条殿は、左京北部の二町規模の豪邸である。二条の南、西洞院の東で、今の二条城の四〇〇mほど東にあたる（一九五頁図8）。摂関政治を始めた藤原良房《よしふさ》が建造し、その養子（甥）基経《もとつね》、その子忠平《ただひら》、その婿重明《しげあきら》親王（醍醐天皇の皇子）、忠平の孫兼家《かねいえ》、その子道隆《みちたか》を経て、その弟の道長の手に入った。以後、摂関家嫡流として確立した道長の子孫に代々継承された。その間、兼家の娘で円融天皇に嫁いだ藤原詮子《あきこ》がここで一条天皇を生み、彼女が女院《にょいん》（上皇待遇の女性）になると、この邸宅にちなんで「東三条院《ひがしさんじょういん》」と名乗った。

院政期までに摂関家は、普段使いの邸宅と、格式張った儀礼を行うための邸宅を使い分け始めた（川本重雄－二〇〇六）。東三条殿は儀礼用の邸宅となり、大臣就任に伴う大饗《だいきょう》（就任時や正月に行う大規模な饗宴）、男子の元服、女子を天皇の後宮に入れる立后《りっこう》、外孫の皇子を皇太子に立てる立太子《りったいし》など、半ば国家的な重要儀礼の会場になった。それらの儀礼は、摂関家が外孫に天皇を輩出する特別な家、つまり〝女系から王を出す家〟だと社会へ周知させるための演劇である。東三条殿は、そうした演劇の舞台へと特化され、摂関家の権威を物理的に表現するシンボルとなった。

摂関家（藤氏長者）が世代交代すると、長者の地位を象徴するアイテムが、東三条殿で引き渡される。朱器台盤はその一つだった。朱器は朱の漆で塗られた食器、台盤は食器を載せる足つき（四脚～八脚）の台、つまり朱器台盤は食膳に必要な器物一式である。摂関家の始祖良房の父冬嗣《ふゆつぐ》が用いた古物で、普段は東三条殿の東隣の御倉町《みくらまち》（摂関家の倉庫街）に蔵《しま》われているが、摂関や大臣が主催する大饗では、平安時代を通じて摂関家の当主がこれを用いてきた。

この朱器台盤と東三条殿は、忠実が失脚して忠通が関白・氏長者となった時に、当然、忠通の手に帰した。忠実はこれらを、力づくで取り戻そうと決意した。

東三条殿と朱器台盤を源為義に強奪させる――憎悪に駆られる忠実

久安六年（一一五〇）九月、忠実は忠通に対し、改めて頼長に摂政の地位を譲るよう求めた。最後通牒である。忠通は案の定、拒否したが、一ひねりを加えた。忠実に直接返答せず、鳥羽法皇に「頼長を摂政にしたいと法皇がお考えなら、没収されても文句は申しません。ただ、自発的には譲れません」と奏上したのである。やはり忠通は、父よりも政治家として一枚上手といわざるを得ない。一方、この争いから距離を置きたい法皇は、忠通の申し出をそのまま、宇治の忠実へ送った。忠実は激怒し、深夜に京の頼長に使者を送り、「今すぐ宇治から上洛するから供をせよ」と命じた。忠実だけが、冷静さを失っていた。

頼長は夜を徹して宇治へ向かい、忠実と合流し、翌朝、雨の中を京に戻った。ここで忠実は、個人的に仕える従者の契約をしていた検非違使・左衛門尉の源為義《ためよし》を呼び出し、東三条殿の東の御倉町を占領するよう命じた。そして昼過ぎ、恐らく衆人環視の中で、忠実は頼長に宣言した。「忠通に摂政を譲れと一〇回も命じたが、拒否して不孝・不義を隠そうともしない。天子が与える摂政は奪えないが、氏長者の扱いに勅許は要らないから、取り返してお前に与える」と。頼長は父を諫めて固辞したが、父は許さなかった、と日記に書いている。それは頼長が世論の支持を得るためのポーズだった。

忠実は為義の子の頼賢《よりかた》らを呼び、占拠させた御倉町で朱器台盤などを確保させ、それらを運び出した上で、東三条殿も占拠した。そして、鳥羽院に「不孝者の摂政忠通を義絶して親子の縁を断ち、長者の地位を左大臣頼長に与えます」と報告した。鳥羽院は、理解を示すような内容の書状を忠実に送り、忠実の行動は容認された（『台記』）。

三ヶ月後の一二月、忠通は摂政から関白になった。その年の正月に、近衛天皇が一二歳で元服して成人していたのに伴う措置だ。頼長は摂関の地位を手に入れ損ねたが、鳥羽院に強く働きかけ、翌久安七年（一一五一）に、内覧となることに成功した。内覧の権限は関白と同等なので、これで頼長は関白忠通と対等になった。

それは、忠実・頼長親子には大きな前進だったが、兄弟が関白・内覧として並立すれば、摂関家の完全な分裂が確定し、どちらが生き残っても衰退する。しかも、双方が勝利のために露骨に院に依存してくるから、摂関家の命運を完全に鳥羽院が握れる。そして、忠実は権力闘争の手段として、京都で武士を動かすという禁断の果実に手を出してしまった。それは麻薬と同じで、一度手を出すとやめられず、摂関家の維持は武士に依存し始めた。そればかりか、京都が武士に蹂躙されてゆく時代の到来を、一挙に後押しした。

失策の連鎖――失脚する忠実・頼長、首を突っ込む源為義

その中で、一つの偶然が摂関家の没落を加速した。近衛天皇が眼病を患い、次第に朝廷儀礼への臨席も困難となり、久寿《きゅうじゅ》二年（一一五五）七月に一七歳で病没したのである。近衛には子がなく、彼の皇統は断絶した。忠通と頼長の入内競争もこれで無価値になった。

問題はそれで済まなかった。一ヶ月後の八月、近衛の霊が巫女に憑依《ひょうい》し、「先年、誰かが私を呪って愛宕山《あたごやま》の天公《てんこう》像の目に釘を打ったため、眼を病み、命も落とした」と語った、と噂され始めた。院が現地を確認させると、確かに像の目に釘が打たれていた。問題は、それを忠実・頼長親子の仕業と、母の美福門院や関白忠通が疑ったことだ（『台記』）。美福門院は愛子の早世で冷静さを失い、彼女の疑惑と憎悪は、彼女を愛する鳥羽院に伝染し

た。すでに四年前の仁平《にんぴょう》元年（一一五一）、「頼長が、近日中に近衛天皇は譲位すると語っている」と忠通が鳥羽院に告発して、猜疑心を煽っていた（『宇槐記抄』八月二〇日条）。そこへ今回の件が重なり、鳥羽院の忠実・頼長親子への憎悪が決定的になった。

次の天皇は、近衛の異母兄の後白河《ごしらかわ》（雅仁《まさひと》親王）に決まった。弟の近衛が先に天皇となったことから明らかな通り、雅仁はそもそも天皇の器と見なされていなかった。しかし、彼の息子の守仁《もりひと》親王が美福門院の養子で、彼女が守仁の即位を望んだ。鳥羽院はそれに同意したが、父雅仁をさしおいて守仁を天皇にできないので、すぐ守仁に譲位するという前提で、父雅仁（後白河）が中継ぎの天皇になった（『山槐記』永暦元年一二月四日条）。

その後白河の朝廷で、美福門院に憎まれた頼長の居場所はなかった。忠通は後白河の践祚《せんそ》（皇位継承決定）と同時に関白に再任されたが、頼長は内覧に再任されなかった。二ヶ月後の久寿二年一〇月、しびれを切らした忠実が鳥羽院に催促し、院も理解を示す態度を取ったようだが（『台記』）、結局実現しなかった。忠実・頼長親子は失脚したのである。

この、近衛の死去に伴う忠実・頼長親子の失脚は、それだけで済まない政界再編の起爆剤になった。何と武士の世界に飛び火し、源氏の内紛を助長したのである。

近衛天皇の若死にを、忠実・頼長親子の呪詛のせいだと美福門院・鳥羽院が信じ始めた、という話が頼長に届いたのと同じ日、武蔵《むさし》で源義賢《よしかた》が、兄義朝《よしとも》の子義平《よしひら》に殺された、という ニュースが頼長に伝わってきた（『台記』）。一見、単なる偶然に見えるが、たぶん偶然ではない。二つの出来事は、恐らく一つの事件であり、背後には源氏の分裂があった。

源義家の嫡孫として後継者となった為義は、検非違使・左衛門尉という、それなりに高い待遇を得て、鳥羽院政のもとで京の治安の一端を任されていた。彼は、分裂・弱体化した源氏を再建するためにも、旭日昇天の勢いで源氏を追い越して武士の代表格になった平正盛・忠盛親子に伍《ご》するためにも、源氏をまとめ上げるリーダーシップを発揮すべきだった。しかし実際には、逆のことが起こった。嫡子の義朝が離反したのである。

その分裂を克服しないまま、為義は不用意にも藤原忠実の従者となり、彼個人の武力として活動した。源氏が摂関家に従者の礼を取ることは、摂関政治全盛期からの伝統で、それ自体は問題ではない。問題は、その摂関家が真っ二つに分裂抗争する中で、為義が中立を保てず、忠実に加担したことだ。それは、本来源氏と無関係の争いに源氏が巻き込まれ、無用の争いや分裂を促すことを意味した。しかも、為義は加担する側を誤った。

この摂関家の抗争で、忠通は守勢に徹し、常に被害者になるよう振る舞った。世論は忠通に傾き、〈気の毒な忠通から、忠実が親権を楯に無理無体に地位を奪い返そうとする〉

という印象が強まっていた。その上で、忠通は美福門院と結託して鳥羽院政全体を味方につけたのに対して、忠実・頼長親子は強引に勝ちを拾いに行った。その力押しの一環で、武力で東三条殿を接収した。それが軽率だった。

忠実の武力行使は、〈大義名分さえ立てば、摂関家内部の問題は武力で解決してよい〉という宣言に等しい。しかし、問題が武力の強弱になってしまうと、最強の武士を味方につけた側が勝つ、という話になる。ところが、白河院によって、武士はすべて治天が握る仕組みができていた。そして、最強の武士たちを握る鳥羽院は美福門院を寵愛し、彼女は忠通の側にあった。〝忠通―美福門院―鳥羽院〟のスクラムが堅い限り、鳥羽院政下の最強の武士たちは、忠実の味方にならないのだ。鳥羽が没しても、美福門院のもとに有力な武士がほぼ全員集まり、それがそのまま保元の乱の、後白河天皇陣営になった。崇徳・頼長に有力な武士がほとんど味方しなかったのは、右の仕組みからして当然だった。

為朝事件で支持を失う為義――義親事件の再来

その頼長派というはみ出し者組に、源為義は加担してしまった。源為義は息子を山のように儲け（二三人もいたと伝わる）、全国各地に下らせて所領や郎等を確保・拡充させる、という形で勢力拡大を図った。為義自身も、近江の佐々木氏（著名な佐々木氏とは別の、「本佐々木」といわれる古代氏族の生き残り）の拠点をしばしば訪れ、「息子一人を自分の郎等に差し出せ」と要求して実現していた、という証言がある（『散位源行真申詞記』）。為義は、息子たちにその手法を真似させ、長男義朝が房総半島や相模の鎌倉で、次男義賢《よしかた》が武蔵で、四男頼賢が信濃《しなの》で、八男為朝《ためとも》が九州で、勢力拡大を図った。

しかし、源氏には学習能力というものがあまりない。都の父を離れて地方で勢力拡大を託された息子たちが、父の制止を聞かなくなり、朝廷の法も蹂躙して、現地で力任せに無法な暴君になるというパターンは、義家の子の義親や義国の事例（第三章）で経験済みだったはずだが、為義は、そうなった原因を抜本的に解決せず、同じ轍《てつ》を踏んだ。

案の定、八男の為朝が暴走して九州各地を荒らし回った。義親の悪夢の再来である。そして同様に、為義も為朝の制止に失敗し、久寿元年（一一五四）一一月に責任を問われて右衛門尉を罷免された（『台記』）。為朝はなお九州で暴れ続け、翌年の久寿二年四月、朝廷は現地に、彼に味方しないよう命じた（『百練抄』）。為朝が翌保元元年（一一五六）までに帰京したのは、来たるべき京都の戦乱に備えるため、つまり、より楽しい遊び場を見つけたからにすぎまい。頼長陣営は、そのようなアウトローに依存するほど孤立していた。

一方の義朝は、仁平三年（一一五三）、三一歳で下野守《しもつけのかみ》になった。義家までの歴代、源氏の勢力拡大の源泉となった受領（国司の長官）の地位に、為義が生涯就任できなかったにもかかわらず、あっさり息子の義朝が就いたのである。

重要なのは、それが、為朝の濫行《らんぎょう》の責任を問われて為義が罷免される一年前だったことだ。義親の時がそうだったように、地方の息子の不始末で父が罷免されるまでには、調査・説得などを重ねて長い時間を要する。逆算すると、為朝の濫行も、父が処分される一年前のこの頃には問題視され始めていただろう。鳥羽院政はその頃までに、為義を疎み始め、長男の義朝を代役に取り立て始めていた。院政に従順でない父を失脚させて、息子に強制的に世代交代させる手法は、かつて白河院が摂関家の藤原忠実・忠通に対して行ったのと同じ、院政の常套手段だったといえるだろう。

鳥羽院・美福門院・忠通の攻勢としての源義賢殺害

保元の乱では、義朝が後白河天皇側に参戦し、彼以外の為義一家は崇徳上皇側に参戦した。その為義一家では、義朝のすぐ下の弟の義賢が、義朝に代わって嫡男扱いを受けていた。その義賢が、乱の前年の久寿二年（一一五五）に、武蔵で義朝の長男義平に殺された。

義平は暴れ者で鳴らし、「悪源太《あくげんだ》」の異名で恐れられた（『平治物語』）。後に、義賢の遺児の木曾義仲《よしなか》が、義平の弟の頼朝《よりとも》と宿命の敵として争った遠因は、この事件にある。その事件を単なる源氏内部の勢力拡大の競合と捉える説もあるが、ことはそう単純ではない。

義賢殺害事件の報が京の藤原頼長の耳に届いた日に、頼長は別の悪いニュースを聞かされていた。「忠実・頼長親子が近衛天皇を呪詛した」という噂を美福門院と関白忠通が信じ、鳥羽院まで信じているという、前述（一七六頁）の話である。

それらが全く同じ日に頼長の耳に届いたのは、偶然にすぎまい。しかし、どちらも近衛天皇の死から一ヶ月後の出来事だったことまでも、偶然と考えるのは難しい。呪詛の噂は、近衛天皇の死を機に、忠通・美福門院が政敵忠実・頼長親子の追い落としを一気に図った攻勢だろう。とすれば、その追い落とし工作は、忠実・頼長親子ら本人ばかりでなく、その手先・協力者へも同時に向けられたと考えるのが自然だ。

その場合、忠実が武力として最も頼った源為義は、当然標的になり得る。とはいえ、すでに為義本人は前年に罷免されている。とすれば、次の手にふさわしいのは、為義の手足を削ぎ落とすこと、つまり息子を排除することだろう。武蔵にいた義平が、叔父義賢の殺害を独断で決断したとは考え難い。義朝は息子たちと関係がよかったから、背後に義朝の意向があったと見るべきだ。そればかりか、その背後には、鳥羽院か美福門院・忠通の意向があった可能性が疑われる。時系列的にも政治情勢的にも、そう考えるのが自然だ。

保元の乱の前哨戦としての源頼賢追討

この解釈は、単なる陰謀論的な憶測ではない。別の事件が明白な証拠になる。二ヶ月後の久寿二年一〇月、「信濃に下って義賢の弟頼賢を討て」と、義朝が鳥羽院に命じられたのだ。頼賢は兄義賢と「父子《ふし》の約（義理の親子関係）」を結んでいたので、義賢の横死後、頼賢が為義の後継者になった。そして、義理の父を殺された頼賢は義朝親子を恨み、仇を討つため信濃に下向して準備した。そしてなぜか鳥羽院の荘園を侵略し始めたので、院が義朝に追討を命じたのだという（『台記』）。

義朝親子への仇討ちを期しながら、鳥羽院の荘園の侵略を始めるのは不可解で、しかも鳥羽院を直接敵に回すなど、愚策にもほどがある。恐らくそれは、伝聞の過程で生じたデマか、追討の正当性を説明するための後づけの口実だろう。重要なのは、鳥羽院が義朝に頼賢追討を命じた事実だ。その事実がある以上、わずか二ヶ月前に、義朝一派（義平）が頼賢一派（義賢）を攻撃した事件にも、鳥羽院が無関係ではあり得まい。そもそも、もし義平の義賢殺害が鳥羽院の許可を得ずに行われたなら、治安を乱した罪で義朝が処罰されないはずがなく、二ヶ月後の頼賢追討で鳥羽院が義朝を起用するはずがない。義賢殺害も鳥羽院の意思（少なくとも黙認）のもとに行われたと考えるべきである。

このように、美福門院と忠通が結託して鳥羽院政の意思を代表し、義朝を動かして為義一派を武力で駆逐しようとしたのなら、それは九ヶ月後の保元の乱と、全く同じ構図だ。とすれば、近衛の死（後白河の践祚）とともに、保元の乱の口火は切られていた、といえそうだ。武蔵での義賢殺害や、信濃での頼賢追討は、保元の乱の前哨戦だったのである。

源頼賢は、東三条殿接収事件で最も重要な役割を果たした実働部隊であり、しかも藤原頼長と男色関係にあった（東野治之―一九七九）。ならば、鳥羽院の頼賢追討命令は、間接的ながらかなり直接に近い、鳥羽院から頼長への攻撃ということになる。頼長が日記に書き留めた、鳥羽院の忠実・頼長に対する憎悪は、こうした形で発露されたと考えてよかろう。

鳥羽院勢力（後白河陣営）、京中の戒厳と制圧を進める

敗北の瀬戸際に立つ藤原頼長を、不運にも一つの偶然が追い詰めた。鳥羽院の死である。

鳥羽院の死去は、保元の乱の引き金となった。その乱こそ、平安京から脱皮した「京都」が、初めて経験した大戦争だった。それは、死と血の穢《けがれ》を嫌い抜いた平安京の貴族を嘲《あざわら》うかのように、武士が死体の山と血の海を都にもたらした、都の歴史上、驚天動地の大事件だった。しかも、それは武士の意志ではなく、院政と摂関家が象徴する当時の朝廷が許可し、促した結果だ。朝廷は自ら都を武士の論理に投げ込み、二度と元に戻らなかった。

保元の乱では、一〇万人以上の都人の眼前で、武士が天下取りの決戦を繰り広げた。平信範《のぶのり》という廷臣はその一部始終を目撃し、日記『兵範記《ひょうはんき》』に克明に記録した。その貴重な記録から、京都に武士がどのような結末をもたらしたのかを跡づけよう。

保元元年（一一五六）の五月下旬、長らく病んでいた鳥羽法皇は、一切の食べ物を受けつけなくなった。そして五月三〇日、延命の祈禱をすべて中止させ、「御万歳《ごばんざい》の沙汰《さた》（臨終の準備）」に入った。六月上旬、病状は「危急」となり、六月一二日に美福門院が出家した。それも院の延命ではなく、極楽往生と後生安楽を願う、臨終の準備だった。

その末期《まつご》の病床で、六月一日、鳥羽院は武士を召集した。そして源義朝・源義康《よしやす》（義国の子、義家の孫）に後白河天皇の内裏・高松殿《たかまつどの》を警護させ、源光保《みつやす》・平盛兼《もりかね》以下の「源氏平氏の輩《ともがら》」に院御所・鳥羽殿を警護させた。それは、崇徳上皇と左大臣頼長が「同心」して挙兵を企んでいる、という風聞に用心してのことだった、と一ヶ月後に平信範が回顧している。鳥羽院は、一ヶ月後に迫った保元の乱を予見していた。

かくして、雲霞《うんか》の如く群集する源平の武士の軍勢に守られながら、七月二日、鳥羽院は没した。以後、朝廷は葬儀の仏事に追われながら、並行して軍備を固めた。わずか三日後の七月五日、「京中の武士を停止」させる、と後白河が命じた。諸国からの武士の流入や京中の武士の自由な移動を防ぎ、京中の武士を内裏を警固する者たちのみに絞ったのだ。

さらに、警備を強化するため、平基盛《もともり》（清盛の子）・平惟繁《これしげ》・源義康らが内裏に呼ばれた。翌日、東山の法住寺《ほうじゅうじ》（鴨川の東、七条大路の末、今の三十三間堂付近）のあたりで早速、平基盛が、入京しようとしていた大和源氏の源親治《ちかはる》を逮捕した。親治は、かつて興福寺と張り合い山門の嗷訴を容赦なく攻撃した頼治の孫である。逮捕容疑は、宇治に籠居している頼長が、京に復帰する下準備のため派遣したのではないか、という疑いだった。

そして二日後の七月八日、後白河陣営に大きな動きがあった。源義朝軍が派遣され、東三条殿と、朱器台盤などが納められた東隣の御倉町が占拠されたのである。こうした命令は、後白河の背後で、美福門院と関白忠通、そして後白河の乳母夫《めのと》（乳母の夫）の信西《しんぜい》から出されていた。この措置を主導したのは、最も強い動機を持つ忠通に違いない。かつて父忠実が源為義を使って行った手法で、今度は忠通が逆襲に転じたのである。

ただ、父の忠実と違い、悔返《くいかえ》しという法慣習でそれを正当化できない忠通は、「没官《もっかん》（朝廷による没収）」という形で正当化した。非常手段とはいえ、本来なら摂関家内部だけで処理すべき当主の象徴を、朝廷が没収・再配分できる先例を開いてしまった。

義朝が占拠した時、東三条殿の中で「秘法（秘密の密教的呪《まじな》い）を修め」ていた宇治平等院の僧が発見された。拘束して尋問すると、頼長の命令で日頃から東三条殿に住んでいたという。世間は、頼長が秘密裡に悪事を企んでいるという心証を、大いに強めた。

崇徳陣営の軍勢召集は反乱ではなく自存自衛目的

翌七月九日、崇徳上皇も動いた。鳥羽院が没する直前の六月三日、院を見舞うため鳥羽の田中殿《たなかどの》という御所に逗留していた崇徳が、突然、誰にも告げずに白河北殿《きたどの》に入ったのである。そこは妹の統子《むねこ》内親王（上西門院《じょうさいもんいん》）の御所だが、七日前に彼女が鳥羽へ移って無人になったのを、強引に占拠した。そして平忠正《ただまさ》（忠盛の弟）・平家弘《いえひろ》・源為義ら、鳥羽院政で主流派から脱落した武士が白河北殿に呼ばれ、軍勢が集められた。

その崇徳も、鳥羽院政の犠牲者だった。崇徳の母・待賢門院は白河院（鳥羽院の祖父）

と密通し、その不義の子と疑われた崇徳を、鳥羽院は毛嫌いした。そして、崇徳に命じて、確かに自分の子である近衛に皇位を譲らせた過去があった。

とはいえ、それまで崇徳が世間の疑いを集めたり、不穏な動きをしたことは一度もない。保元の乱の過程全体を通しても、崇徳が主体的に武力クーデターに動いた形跡はない。あるのは〈崇徳が軍勢を集めた〉という事実だけであり、それだけでは反乱の証拠にならない。先に軍勢を集めたのは後白河陣営であり、さらに遡《さかのぼ》れば生前の鳥羽院なのである。

鳥羽院たちの軍勢召集は、不測の事態に備えた厳重警備とされ、それは事実だっただろう。崇徳が鳥羽を出奔して白河北殿に入ったのも、内裏に陸続と軍勢が集められる様子に恐慌を来《きた》し、〈その軍勢が自分を襲うのでは〉という疑心暗鬼に駆られたからにすぎないだろう。軍勢召集も同じ疑心暗鬼の延長で、護身用の軍事力が欲しかったからにすぎまい。

しかし、七月九日に宇治を出た頼長が、白河北殿の崇徳と合流してしまった。反逆〈近衛天皇への呪詛〉の嫌疑が晴れていない頼長との合流は、世論の崇徳への心証を悪化させた。崇徳陣営の武士らは「合戦」を企て、崇徳と頼長が協議して準備を進めていた、と平信範は見てきたように書くが、信憑性は怪しい。後白河陣営に貼りついていた彼が、崇徳陣営の内部の様子を正確に知るはずがない。誰かの憶測か、それが流布しての伝聞にすぎまい。

頼長にも、挙兵する意図があったとは考え難い。というのも、彼は「日本第一大学生《だいがくしょう》、和漢ノオニトミテ」（『愚管抄』）といわれた、儒学の大学者だったからだ。重要なので繰り返すが、儒学の道徳体系を定めた《礼》思想では、子の親に対する従順さ＝「孝」と、臣の君主に対する従順さ＝「義」を最も重んじた。その儒学に心酔する頼長が、「義」を踏みにじって、臣の身で天皇に対して挙兵するとは到底考え難い。頼長はただ、後白河陣営の軍勢召集が崇徳と自分を標的としていることを読み取り、不測の襲撃から身を護ろうとして、乏しい味方兵力（源為義ら）の分散を避けて合流しただけではないか。

忠通の子の慈円《じえん》が著した歴史書『愚管抄』からも、右の見立ては補強できる。『愚管抄』は、この数十年後に、当事者の証言を取材して歴史的事実を追究した歴史書で、信頼性は、後白河陣営しか見ていない平信範の日記と同等以上だ。その『愚管抄』によれば、源為義が、白河北殿で敵の襲撃を待つ不利さを訴え、東へ落ち延びて態勢を立て直すよう説いたが、頼長が「急ぐな。今すぐ何が起こるわけでもあるまい」と制したという。頼長の姿勢は受動的で悠長で、とても今から挙兵を企む人物の姿勢ではない。

その為義の提言も重要だ。為義はいう。「自分はわずかな息子しか動員できず、郎等はすべて義朝に取られて敵方にあり、あまりに無勢です。これでは何もできず、もし〝待ち戦《いくさ》（敵の襲撃待ち）〟になれば防げません。急ぎ宇治に下れば、宇治橋を引き落として少しは支えられるでしょう。さもなくば近江に下って下さい。甲賀山を背後にして逃亡・籠城に備え、坂東の武士と合流して戦えるでしょう。坂東の武士の到着が遅れるようなら、関東へ下って足柄山を切り塞いで要害にすれば防げるでしょう。坂東には先祖代々源氏の郎等が多く、為義に従わない者はおりません」と。

この発言に、積極的攻勢が一言も言及されていないことに注意されたい。為義の話は、ただただ、〈後白河陣営から襲われたらどのように防ぎ、逃げ切り、生き延びるか〉という話だけだ。崇徳・頼長陣営は、自存自衛のために軍勢を集めたと結論するしかあるまい。

保元の乱の正体――疑心暗鬼の連鎖で根負けした後白河陣営の暴発

ただ、それが「謀反の挙兵の企てが明らかだ」と敵に喧伝される材料になり、敵に攻撃の口実を与えたことも事実だ。そのあたりに崇徳陣営の甘さがある。後白河陣営は、はるかに手強かった。〈崇徳・頼長に謀反の企てあり〉と断定し、一挙に殲滅して政界から葬り去ろうという断固たる意思があった。そして、強硬手段を取るなら、善は急げ、それも自軍に有利なように奇襲してしまえ、と結論する冷徹な合理性が、後白河陣営にはあった。

その決断の背後には、後白河の治世で政界の表舞台に躍り出た信西がいた。信西（藤原通憲《みちのり》）は南家《なんけ》という学者の家柄に生まれ、少納言《しょうなごん》や受領になるのが精一杯の中級廷臣だが、学識は卓越していた。「学生《がくしょう》抜群ノ者」と呼ばれ（『愚管抄』）、自他ともに認める大儒学者の藤原頼長さえ「才、世に余り、世、これを尊ばず。これ天の我が国を亡ぼすなり（彼の抜群の才能を世間は顧みない。天が日本を滅ぼす前兆だ）」と賞賛し（『台記』康治二年八月五日条）、鳥羽院が密かに六国史《りっこくし》に続く国史の編纂《へんさん》を信西に命じるなど、賛辞しか聞かない。信西の合理的精神と学識については旧著『平安京はいらなかった』を参照されたいが、彼は一個の天才であり、長生きすれば中世を変えたはずの人だった。

崇徳陣営が「合戦」を企てた、というのは後白河陣営の憶測にすぎまい。しかし、憶測が真実なら、手遅れになってからでは遅い、そうなる前に潰そうという気迫が、信西たちにはあった。後白河陣営は、崇徳陣営の白河北殿に武士が集まったことを察知した七月一〇日の翌朝の未明、白河北殿の夜襲を決断し、実行した。保元の乱の勃発である。

こうして見ると、保元の乱が、双方の疑心暗鬼の果てに暴発した事件にすぎないことは明らかだ。互いに相手の奇襲を恐れて軍備を増強し、それが余計に相手の警戒心を呼び起こし、睨み合いながら疑心暗鬼ばかりが増幅する負の連鎖に陥った。そして、崇徳陣営に軍勢が集まり始めた段階で、後白河陣営が根比べに負け、暴発したのである。

院政の空白が招いた「武者の世」——武士が合戦で京を蹂躙する時代へ

近衛天皇の死後、後白河は高松殿で践祚《せんそ》（皇位継承）し、そのまま内裏としていた。高松殿は、三条坊門の南、町小路の西、姉小路の北、西洞院の東の一町規模の邸宅である（一九五頁図8参照）。今の地下鉄烏丸《からすま》御池《おいけ》駅から西へ約三〇〇m、祇園祭で山鉾《やまほこ》が最後の辻回し《つじまわし》（方向転換）を行って南下し始める御池通《おいけどおり》・新町通《しんまちどおり》の交差点に南西から接している。三条坊門小路（今の御池通）を挟んで北隣には、例の東三条殿がある。その高松殿に、後白河軍は集結していた。

一方、崇徳院・頼長とその軍勢が集結した白河北殿は、元永《げんえい》元年（一一一八）に白河院が院御所として築いた二町四方の巨大邸宅で、鴨川の東、大炊御門《おおいのみかど》大路の末の北側にあった（同前参照）。今の平安神宮の北東に隣接する、京都市左京区「岡崎北御所町《おかざききたごしょちょう》」や、その前身である上京区岡崎町の字《あざ》「御所《ごしょ》ノ内《うち》」の「御所」は、白河北殿のことと思われる。

両軍はこれら二つの御所を拠点に、鴨川を挟んで睨み合っていた。それが破れ、多数の武士が高松殿から出発して、鴨川を渡って白河北殿に殺到し、夜襲した。それまで時々あった武士の小競り合いとはわけが違う、正真正銘の戦争が始まったのである。『愚管抄』には、「関東・鎮西ニコソキコユレ、マサシク王・臣ミヤコノ内ニテカヽル乱ハ鳥羽院ノ御トキマデハナシ。カタジケナク、アハレナルコトナリ」とある。坂東・奥羽や九州では何度も乱があったが、「都の内」で王や臣が戦うなど初めてで、畏《おそ》れ多く悲しいことだ、という。これこそ本書にとって最も重要な、保元の乱の意義である。

　戦場となった白河北殿は、平安京内ではない。しかし、戦争当事者の忠通の子で、『愚管抄』を著した慈円は、そこでの合戦を「都の内」の合戦と断言した。すでに、平安京（左京）と白河を一体に「都」と見なす認識は盤石だったことの、何よりの裏づけである。さらに、右の文章の直前に、「鳥羽院ウセサセ給テ後、日本国ノ乱逆ト云コトハヲコリテ後、ムサ（武者）ノ世ニナリニケルナリ」という著名な一節がある。鳥羽院の死後、日本国が保元の乱をはじめとする反逆に襲われ、史上初の「武者の世」＝〝武士が主役の時代〟になった、と慈円は回顧する。これらを総合すると、京の歴史として見た場合、「武者の世」とは〝武士が合戦で京を蹂躙し始める時代〟を意味したことになる。しかも、その京中の合戦は、鳥羽院政の人脈を束ねる美福門院の暗黙の了解のもと、摂関や天皇側近の指示によって行われた。ならば「武者の世」とは、〝朝廷が武士の武力に政治問題の解決を委ね、必要次第で京を合戦で蹂躙する時代〟ということである。

重要なのは、この激発が鳥羽院の没後に起こったことだ。鳥羽院は生前、京中で武士を攻撃的に動かさなかった。むしろ、鳥羽院の死去によって後白河天皇の親政が始まり、院政が途切れた空隙《くうげき》にこの合戦は起こった。ならばこの合戦は院政的でない。また後白河陣営の主導者二人のうち、関白忠通は摂関政治の体現者で、もう一人の信西は院政的な（反知性主義的で野放図な）政治でも摂関政治でもない、復古的指向と時代の現実とのバランスに配慮した、中世的な天皇主導の政治を目指した人物だった（『平安京はいらなかった』）。

鳥羽院政の終了直後に起こった、これほど院政的でない保元の乱とは、つまり院政のツケの清算である。顧みれば、崇徳の孤立は、孫の嫁に手を出すほどの、白河院の放縦な専制君主ぶりに起因する。忠実・頼長親子の孤立や忠通との対立も、元をたどれば白河院の忠実弾圧に由来する。そうして蓄積された怨念や矛盾は、院の存在感という圧力で抑《おさ》えられてきたが、鳥羽院が没して圧力が消えた時、保元の乱として必然的に激発したのである。

白河北殿の焼き討ちと藤氏長者の更迭――開戦と決着

保元元年（一一五六）七月一一日未明、白河北殿を六〇〇騎の武士が奇襲した。源義朝

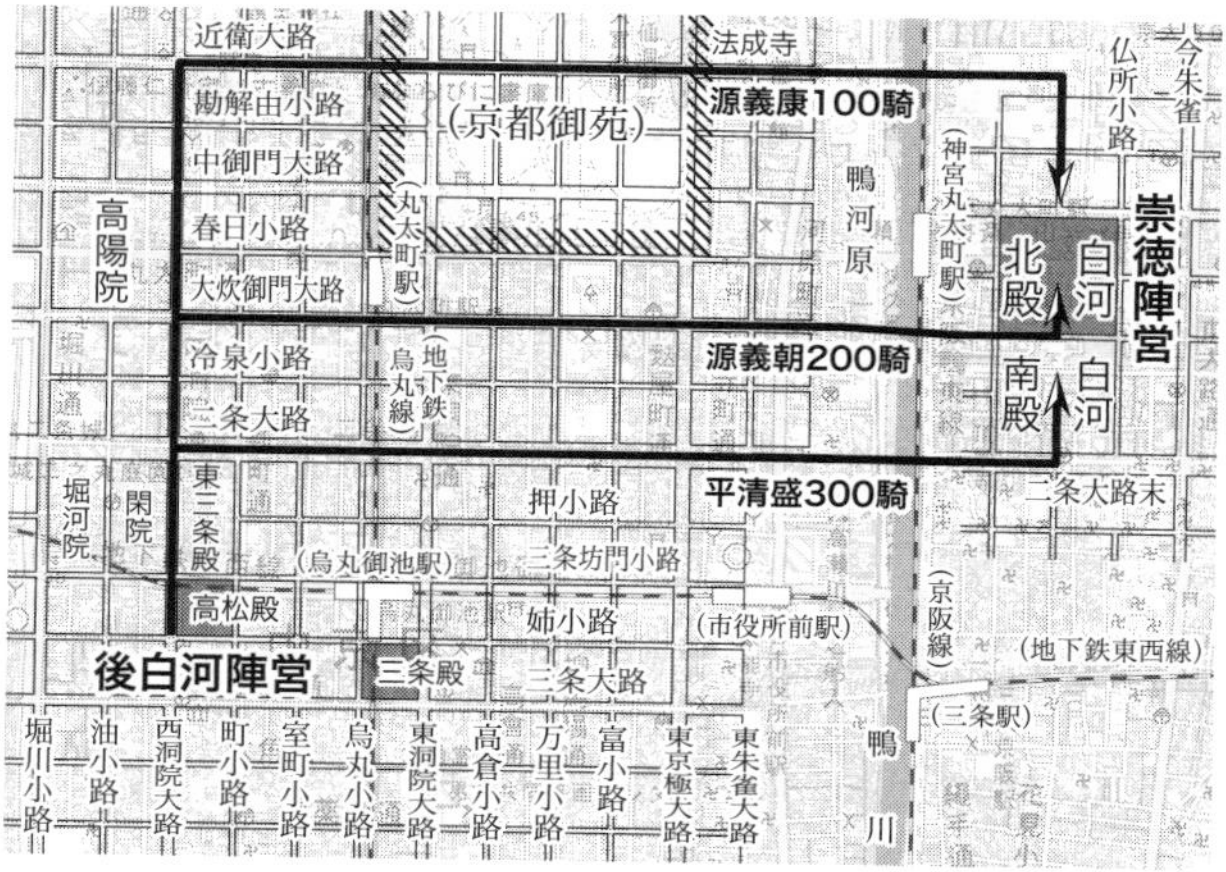

図８　保元の乱の戦場（参考に京都御苑・鉄道を強調した）

率いる二〇〇騎は、白河北殿の正門がある大炊御門大路（今の竹屋町通《たけやちょうどおり》）を西から東へ進軍した。人数は平清盛軍より劣るが、真っ先に正面から攻め寄せる義朝軍が官軍の主役と見てよい。平清盛が率いる三〇〇騎は、大炊御門より二町南の二条大路を東へ進軍した。位置的に見て、崇徳陣営と激突する義朝軍の後詰めである。さらに源義康が率いる一〇〇騎が、大炊御門より四町北の近衛大路（今の出水通《でみずどおり》）を東へ進軍した。白河北殿の背後を押さえる布陣である。源頼政《よりまさ》・源重成《しげなり》・平信《のぶ》兼《かね》らの軍勢も、戦場へと投入された。

辰《たつ》の刻《こく》（午前八時頃）には、東に上がる火の手が、後白河陣営の本陣・高松殿から視認できた。京都を戦場にすると覚悟を決めた官軍が、京都への放火を断行したのである。しかもそこは、白河院が手塩にかけて開発し、六勝寺や得長寿院が林立するまでに育った、院政の富と栄華が凝縮された地区だ。そこへの放火は、「武者の世」の幕開けが、院を最高権力者とする院政の最盛期を永遠に終わらせたことを、象徴してあまりある。

この放火から間もなく雌雄は決し、崇徳陣営は思い思いに逃亡して、決戦は終わった。官軍は残敵掃討・捜索に着手しつつ、午《うま》の刻（正午頃）には高松殿に凱旋して、清盛・義朝が後白河から直々に労《ねぎら》いの言葉をかけられた。

合戦当日、関白忠通は「藤原氏の氏長者となれ」と天皇から宣旨《せんじ》を下された。平信範が驚いたように、氏族内部で決める氏長者を、天皇の命令で決めたのは前代未聞だった。

これで摂関家が天皇家に従属したように見えるが、そんなことはとうの昔の白河院政期から始まっていた。それに、この宣旨は後白河が上から一方的に下したのではあるまい。特定の人に利益をもたらす公権力の命令書は、まず受益者が「欲しい」と申請し、審査を経て出される、というのが中世古文書学《こもんじょがく》の常識だ。忠通は合戦の結果に乗じて、世論が納得する当然の結論を明文化するよう請求し、頼長との争いを法的に完全決着させたのだろう。その、通常ならあり得ない法的手続き（氏長者決定への朝廷の介入）の実現を正当化したのは、〝藤氏長者の反逆〟という前代未聞の出来事だろう。氏長者が反逆者となったなら、朝廷はあらゆる権利を没収できるし、そうすべきなのである。

戦後処理で殺戮される敗軍の将

乱が決着した日、大きな人事異動が発表された。平清盛は播磨守《はりまのかみ》になり、源義朝は右馬権頭《うまのごんのかみ》になった上に内昇殿《うちのしょうでん》（一二四頁）を許され、源義康も内昇殿を許された。

かつて藤原忠実の私兵として東三条殿を接収した源為義と違い、保元の乱の源義朝は鳥羽院の院宣で召集され、後白河天皇の命令で戦った。忠実・頼長親子と為義が敗れたことで、摂関家は私兵というものを失い、源氏は摂関家から独立して、天皇と直結した。

保元の乱の戦後処理は、苛酷だった。崇徳院は、決戦の翌々日の一三日に投降し、一〇日後に讃岐《さぬき》へ流され、後に現地で没した。讃岐で崇徳院は、自分の血で五部大乗経《ごぶだいじょうきょう》を書写し、その力で「天下を滅亡」させたいと願ったという（『吉記』寿永二年七月一六日条）。

頼長は生死も所在も不明だったが、やがて関係者の証言が取れた。彼は一一日の合戦で流れ矢にあたって負傷し、西山《にしやま》（嵯峨方面）へ逃げ、嵯峨の大堰《おおい》川（桂川）で乗船して南下し、淀を経て、山城南部の木津《きづ》あたりに一三日に着いた。宇治の忠実に連絡して保護を要請したが、忠実は拒否して南都（奈良）に逃げ、頼長は翌一四日に死んで、すぐ葬られた。崇徳院は追放で済み、頼長は偶発的な事故で不運に死んだだけだったが、武士の処断は苛烈だった。崇徳院の追放が決まった五日後の七月二八日、まず平清盛に命じて、叔父の平忠正とその息子の長盛《ながもり》・忠綱《ただつな》・正綱《まさつな》、そして郎等らが六波羅近辺で斬られた。平氏の処刑を平清盛に執行させ、場所も平氏の本拠地・六波羅だったことは、〈一家の不始末は、できる限り一家の長に決着させる〉という後白河陣営の方針を示している。また六波羅が、鳥辺野という古くからの葬送地に隣接することも、処刑地となった大きな理由だろう。処刑は穢《けがれ》を生むので、最初から、穢の受け入れに特化した土地の隣で斬ったのである。

二日後の三〇日、今度は京の北西の大江山《おおえやま》で、平家弘と一家（康弘《やすひろ》・盛弘《もりひろ》・時弘《ときひろ》・光弘《みつひろ》・頼弘《よりひろ》・安弘《やすひろ》ら）が斬られた。処刑は同じ平氏の清盛ではなく源義康が担当したが、それは義康の一家に敵対者がいなかったのと、家弘一家と清盛の血縁が遠すぎて一家とは呼べないからだろう（清盛の祖父の祖父が、家弘の曾祖父と兄弟）。大江山は丹波との国境で、平安京に外から持ち込まれる穢を遮断する四方の境界点＝「四堺《しかい》」の一つだった。彼らも、京都の穢を軽減するためにそこへ運ばれたのであり、処刑場は国境の丹波側だっただろう。

同じ日、源義朝が父為義と頼賢以下の弟たちを、京の北方の船岡山《ふなおかやま》で斬った。船岡山の麓も蓮台野《れんだいの》という古くからの葬送地で（一〇頁図1）、選ばれた理由は六波羅と同じだろう。六波羅は平清盛一家の本拠地なので、六波羅での処刑は平家一族以外にあまり目撃されなかっただろう。船岡山は、平安京の中心街路・朱雀《すざく》大路の北方にある小高い丘である。そこは都市化していないので、目撃者は少なかっただろう。大江山に至っては、京から西へ、桂川を越えて数㎞も離れた丹波との国境であって、明らかに都人の見物を想定していない。これらの処刑は見世物にされず、人知れず速やかに済まされた。

処刑後に、首を晒すことさえなかった。獄門に首を晒した記録は皆無で、『保元物語』によれば、鳥羽院の喪中を理由として、首を晒さずに処刑地の近くに捨てさせたという。保元の乱では、朝敵の処刑や首は見世物にならず、〝劇場〟性がなかった。その点で、首や捕虜の入京時に、派手に演出した凱旋パレードが行われた歴代源氏の朝敵追討（平忠常の乱・前九年合戦・平師妙の乱など）と、全く違う。朝廷や京都社会は、すでに殺された反乱者の首は見世物として楽しんだが、生きた人間の斬首は受け入れなかったらしい。

武士社会の死刑慣行を国家に持ち込んだ「武者の世」

後白河天皇は、検非違使の源季実《すえざね》という武士に、為義の首を実検させた。義朝が父の処刑を躊躇して、密かに逃亡させる可能性が危惧されたのだろう。それは杞憂《きゆう》だったが、朝廷がここまで大量かつ確実な死刑執行にこだわったのは、異常だ。というのも、大同五年（八一〇）の藤原薬子《くすこ》の変で、薬子の兄仲成《なかなり》が射殺されたのを最後に、日本では三世紀半にわたり、囚人を死刑に処さない伝統があったからだ。それに加えて、鳥羽院の喪中であることから、公卿たちは武士を流刑にするよう主張したと、『保元物語』はいう。

実は、前述の通り（三六頁）、将門の乱をはじめとして、朝廷は「追討」を命じるという形で、地方の反乱者に死刑を執行してきた。ただ、それは反乱者のもとへ出向き、戦闘の末に、抵抗する相手を討ち取るという形だ。捕らえた者や投降した者、つまり無抵抗な者を殺す死刑は、確かに行われてこなかった。死刑制度は廃止されていないが、捕らえた容疑者を死刑にしないという運用によって、死刑は避けられてきた。それが今回、法を変えないまま、法を運用する精神が変わったのだ。では、なぜここまで劇的に転換したのか。『保元物語』によれば、流刑を主張する公卿たちに信西が異を唱え、「非常時の今は帝の臨時の決断があるべきです。この謀反人たちを生かして諸国に置くと後に大変なことになるので、処刑すべきです」と進言し、後白河が「もっともだ」と処刑を命じたという。

だが、それはおかしい。信西が卓越した儒学者だったからだ。儒学者は何より《礼》を重んじ、《礼》思想では「孝」は絶対であって、子が親を殺すことは断じて許されない。為義の斬り手にわざわざ息子の義朝を選んで処刑させるような不孝の極致を、儒学者があえて提案することはあり得ない。信西が儒学者を辞めていたか、信西の提案ではないか、二つに一つだ。そして、信西やその息子たちは、保元の乱後も「学生《がくしょう》（儒学者）」だった証拠がある（後述）。ならばこの大量の死刑執行は、信西の提案ではあり得ない。

では、誰の提案か。後白河ではあるまい。彼はこの段階では、美福門院・忠通・信西の傀儡《かいらい》にすぎないし、世論を押し切ってまで死刑を断行するほど殺戮を好む性格だった形跡もない。美福門院もそんな性格ではなく、そもそも彼女は後白河一派の精神的なボスに徹し、少しでも積極的に軍事的な判断を下したり命じた形跡がない。忠通でもあるまい。一部の説（角田文衛「藤原忠通」『平安時代史事典』）がいうように、仮に忠通が陰険な策士だったとしても、こうした陰惨な処刑を提案・決断する性格だった形跡はない。

では誰の発案か。消去法によっても必然性からも、武士、特に源義朝その人だろう。

平安時代、朝廷は死刑を執行しなかった。しかし武士は違う。白河院政期に、平忠盛の家人の加藤成家《なりいえ》という武士が、院の殺生《せっしょう》禁断令に背いて鳥を取り、尋問された。すると彼は、「主人の忠盛に、奥方の祇園女御に毎日新鮮な鳥を届けよ、怠れば「重科《じゅうか》（重罰）」に処す、といわれています。朝廷ではどんな罪でも殺されませんが、「源氏平氏の習《ならい》（習慣）」では、重科は斬首です」と述べて、白河院を呆れさせた（『古事談』王道后宮）。

武士社会には、〈反逆に死刑で臨む〉法慣習が独自に根づいていた。投降した反逆者の処刑という、日本の貴族社会から決して自生しない発想は、武士社会から持ち込まれたものだろう。ほんの数年前、義朝は父為義やその一派である弟たちと熾烈に対立し、弟二人を殺そうとして一人を本当に殺した（一八二頁）。義朝は、為義らとの最終決着を一挙につけるために死刑を主張して通り、ならば平氏も同様に、という形に持ち込んだ可能性が高い。

こうして、武士社会の苛烈な法慣習が朝廷と京都に持ち込まれた。従来、京都と国家のありように武士が合わせてきたが、この乱を機に、京都と国家が武士特有の思考様式・行動様式に合わせて改変され始めたのだ。「武者の世」の到来とは、そういうことだった。

後白河・二条の対立、信西一家の朝廷掌握、藤原信頼の登場

権力闘争に勝つために〝都を破壊する戦争〟をしてよい、と一度歯止めが外れてからの転落は早かった。それならばと、源義朝が今度は自分のために都で戦争を起こしたのだ。

彼が起こした平治《へいじ》の乱ほど、捉えどころのない戦乱は珍しい。史料が極端に乏しいためだ。最近行われた、従来の研究の精密な再検討で、平治の乱がいかに根拠薄弱な憶測で語られてきたかが、改めて判明している（古澤直人―二〇一八）。乱の真相はまだ藪《やぶ》の中だが、後に京都を造り替えた平家全盛の出発点として、最低限の輪郭を摑《つか》んでおく必要がある。

保元の乱から二年後の保元三年（一一五八）八月、予定通り、二条天皇が後白河から譲位されて皇位を継承した。本来なら祖父の鳥羽院が院政を敷く計画だったはずだが、鳥羽院の予定外の死で、練り直しになった。後白河は天皇の父としても、在位中に親政を敷いてきた実績上も、院政を望んだ。しかし本来、後白河は鳥羽院の後継者でなく、二条の即位までの中継ぎの天皇にすぎない。鳥羽からは後白河を経由せず二条へ治天の地位が委譲されたはずで、二条もそれに沿って自分の親政を希望した。この後白河と二条の対立が火元となって、廷臣も後白河院政派と二条親政派に分かれ、朝廷を二分する対立になった。

その中で、朝廷政務の中枢を信西が握りつつあった。関白忠通は主導権を握れず、父忠実の処分回避と、忠実が持つ摂関家領の没官《もつかん》を防ぐのが精一杯で、信西の下風に立った。

信西は天皇の乳母夫という縁故で国政を主導し、類い稀《まれ》な学識で政策を立案遂行する、新種の政治家だった。彼の学識は儒学を基礎として算術や音楽にも及び、バランス感覚に優れた合理的思考を合わせ持っていた。彼は、院政が捨てた大内裏の復興を本気で考え、独力で企画遂行して、二条天皇の即位までに本当に再建した（『平安京はいらなかった』）。

長男俊憲《としのり》も参議に昇って太政官の意思決定に参画し、その前には権左中弁《ごんのさちゅうべん》となって文書行政の中枢にいた。次男貞憲《さだのり》も権右中弁《ごんのうちゅうべん》まで弁官を歴任し、定員七名の弁官の二人を兄弟で占める快挙を成し遂げた。俊憲らは「才知文章《さいちもんじょう》ナド誠ニ人ニスグレテ、延久例《えんきゅうのれい》ニ記録所ヲコシ（興）立テユ、シカリケリ」と、政治的才覚も文才（儒学に基づく漢詩文の才能）も卓越し、後三条天皇に倣《なら》って記録所を置いて荘園整理を進めるなど、才能も父親譲りで、信西は彼らを通じて政務を主導した。後白河の信任は篤く、保元の乱後には、「ヒトヘ（偏）ニ信西入道、世ヲトリ（取）テアリケレバ」「天下ノ執権」といわれた信西政権が完成していた。

これに「ソネム心」を抱いたのが、藤原信頼《のぶより》という青年である。信頼の祖父と父は、白河・鳥羽院政の近臣で受領を歴任して富み栄えた基隆《もとたか》・忠隆《ただたか》親子だった。後白河は信頼と男色の愛人関係になり、「アサマシキ程ニ御寵アリ（呆れるほど寵愛し）」、中納言・右《う》衛門督《えもんのかみ》まで引き立てた。その台頭が、信西一家の勢力と抵触した。

その頃、義朝は信西の子是憲《これのり》を婿に望んだが、「我子《わがこ》ハ学生《がくしょう》ナリ。汝《なんじ》ガムコ（婿）ニアタハズ（息子は儒学者なので君の婿にできない）」と断られた。ところが信西は、別の息子成範《しげのり》を平清盛の婿に約束してしまう。これで義朝は面目を潰され、信西を憎んだという。なぜ信西ほどの切れ者がこんな「不覚」を犯すのか、と『愚管抄』は不思議がっている。

なぜ義朝は駄目で清盛はよいのか。二つの縁談の違いは、実は婿と舅の双方にある。まず、信西は「義朝が望んだ是憲は学者だ」と明言したが、清盛が婿に望んだ成範の方は学者にする予定がない。ここでもう条件が違う。成範は兄たちや是憲と違い、後白河の乳母《めのと》の紀伊二位《きのにい》を母とした。信西は彼女の夫だから権力者なのであり、彼女の子成範は天皇の乳母子《めのとご》という最も親しい側近、しかも儒学者・事務官僚の経歴を積む兄たちと違い、近衛少将・中将という貴公子の経歴を歩んだ（前掲古澤著書）。彼は次期家督だっただろう。

一方、清盛と義朝の違いは何か。一つだけ思い当たるのは血統だ。義朝はただの武士だが、清盛は白河院の落胤である可能性が本気で信じられていた。でなければこの後、数年で太政大臣まで昇るはずがない（二一五頁）。その常識外れの昇進は、太政大臣になる七年前の永暦《えいりやく》元年（一一六〇）六月に正三位《しょうさんみ》、八月に参議に昇ったことに始まる。平治の乱が終結した六〜八ヶ月後で、前者は「六波羅に行幸《ぎょうこう》の賞」（『公卿補任』）、つまり平治の乱の功績の恩賞だが、後者と、それに続く権中納言・権大納言・内大臣・太政大臣昇進は戦功と無関係だ。つまり、平治の乱と関係なく、清盛の爆発的出世の始まりは目前に迫っていた。その前兆は、乱の直前には萌《きざ》していただろう。信西はそれに感づき、将来一家を背負って立つ成範が清盛の圧倒的権力で庇護されるよう、働きかけた可能性が高い。

いずれにせよ、平治の乱が、信西一家の排除を狙うクーデターだったことは確かだ。義朝は乱の最中に「日本第一ノ不覚人《ふかくにん》ナリケル人ヲタノミテ、カヽル事ヲシ出《いだし》ツル（日本最大のボンクラを頼りにして大事件を起こしてしまった）」と、信頼との提携を後悔した（『愚管抄』）。二人は信西憎しの一点だけで、深く考えずに手を組んで挙兵したようだ。

前代未聞の院御所焼き討ちと院の拉致

計画は、信西が息子と常駐する後白河院の御所「三条殿《さんじょうどの》」を襲って、親子を抹殺することだった。邪魔な平清盛が紀伊の熊野詣《くまのもうで》で都を出た好機を狙い、平治元年（一一五九）一二月九日の夜、義朝は御所を包囲して放火した。保元の乱と同じ感覚だったのだろう。

しかし、政敵を殺すために院御所を焼き討ちするのは異常だ。後白河への敵意がなければ、絶対にするはずがない。〈信西の権力が拠って立つ後白河院政自体が敵だ〉と結論された可能性が高い。後白河の寵愛で立身してきた信頼が、なぜ後白河襲撃に賛同したかは謎だ。クーデターが成功すれば後白河は不要と考えたのかもしれないが、どうにも不自然で、院御所焼き討ちは、義朝の独断だった可能性が否定できない。院御所では、内通者の源師仲《もろなか》が後白河院と姉の上西門院《じょうさいもんいん》を車で拉致し、大内裏の一郭に幽閉してしまった。

義朝がこうも大胆に後白河を襲ったのは、二条親政派を味方にできると信じたからだろう。二条の親政は、鳥羽院が定めた正規の皇位継承計画なので大多数の廷臣が支持するはず、そして彼らは後白河の退場を望んでおり、ならば世論の大多数がクーデターを支持するはずだ、と。しかし、院御所の焼き討ちなど、誰も望むはずがなく、誰も正当と考えるはずがない。その簡単なことに気づかず、信頼と義朝は世論のすべてを敵に回した。

しかも義朝軍は、肝心の信西親子を全員取り逃がした。焼き討ちは単に〈義朝軍が院御所を襲った〉という事実だけを残した。信西は少数の従者と大和方面へ落ち延びたが、途中で諦め、穴を掘って隠れて自害したのを、源光保《みつやす》が発見して首を取った。

襲撃から八日後の一二月一七日、信西の首は鴨川原で検非違使に渡され、「大路を渡し、西の獄の門前の樹に懸け」られた（『百練抄』）。敵の首を獄門に晒《さら》し、勝者が（常に）朝廷であると都人に誇示する政治ショーが、久々に行われたのだ。ただ、獄門に懸けられたのは、朝敵の首ではなかった。獄門はもはや、朝廷の正義を示す場ではなく、力づくの政争の結果を告知するだけの、掲示板のようになってしまった。なお、小さなことだが、出家して頭髪がない信西の首をどう樹木に懸けたのか、物理的な仕組みが気になる。

信頼は二条天皇の身柄も押さえて大内《おおうち》（大内裏の本来の内裏）に住まわせ、そこで勝手に除目《じもく》（人事儀礼）を行い、信西一派を解任し、義朝を四位に昇らせ、播磨守に任じた。後に鎌倉幕府を開く源頼朝《よりとも》（義朝の三男）が一三歳で右兵衛権佐《うひょうえのごんのすけ》に任じられたのも、この不正な除目でのことだ。

清盛の逆転と京中の〝劇場型戦争〟

清盛は、熊野詣の途上で変事を知った。清盛は現地の紀伊の武士・湯浅宗重《ゆあさむねしげ》や熊野別当湛快《たんかい》の協力で急ごしらえの軍備を整え、一二月一七日に京に戻った。京では本物の二条親政派が、二条天皇の奪還を画策していた。動いたのは二条の伯父の権大納言・大炊御門《おおいのみかど》（藤原）経宗《つねむね》と、鳥羽院が二条を託して近臣とした検非違使別当・葉室《はむろ》（藤原）惟方《これかた》である。

彼らは清盛に連絡して協力関係を確認し、二五日に作戦を決行した。清盛が二条大宮の近辺に放火して陽動し、その隙に、女房（女官）の車に仕立てた車に天皇を乗せて脱出させる手筈《てはず》だった。彼らも、非常手段として京都を戦争の犠牲にすることを厭《いと》わなかった。

清盛は、臣従の証である名簿《みょうぶ》（本名を書いた紙）を書いて信頼に届けて油断させた。清盛が味方すれば、クーデターを阻止できる者は皆無になる。信頼が喜んで油断した隙に、清盛や天皇側近らは、まんまと二条天皇の身柄を奪還し、清盛の六波羅の家に保護した。

後白河院と上西門院の幽閉は警備が手薄で、惟方が夜陰に乗じて連れ出し、六波羅に保護した。さらに美福門院と前関白忠通、その子で当時一七歳の関白近衛（藤原）基実《もとざね》も、六波羅に入った。天皇と後白河に加えて美福門院を確保したことで、清盛側を官軍とする完璧な正統性が整い、信頼・義朝は君主を担げる可能性を失って、逆賊と確定した。

清盛は満を持して攻勢に出た。大内に陣する義朝を清盛が六波羅から攻め、これを義朝軍が六波羅まで押し返したため、保元の乱の白河北殿と違って正真正銘の平安京内が初めて戦場になり、そして初めて大内裏が戦場となった。反乱軍は、大内裏の東面の四つの門のうち、一番北の上東門《じょうとうもん》を閉じ、その南の陽明門《ようめいもん》を源光保らが、その南の待賢門《たいけんもん》を信頼らが、その南の郁芳門《いくほうもん》を義朝らが固めた。清盛は、先発隊を長男重盛《しげもり》と弟頼盛《よりもり》に率いさせ、重盛軍が待賢門の信頼軍を破って突破し、一時は大内裏で攻防を繰り広げた。しかし義朝の子の義平の軍勢が押し返し、重盛は乗馬を射られ、堀川小路《ほりかわ》まで退却した。

堀河（堀川）は、文字通り人為的に掘った川（運河）で、多くの材木を浮かべて京へ搬入する物流の動脈だった。その堀川で陸揚げされた材木の山の上に、重盛が弓を杖がわりにして立ち、乗替《のりかえ》の馬に乗る様子は「ユ、シク（素晴らしく）」見えた（『愚管抄』）。京中の合戦は都人に目撃され、戦闘の様子や人々の振る舞いはいちいち評判になった。平治の乱は、合戦自体が本格的なショーと化した、初めての〝劇場型戦争〟だったといえよう。

その中で、清盛は圧倒的な存在感を見せつけた。義朝軍が六波羅に迫ると、「ヒタ黒ニサウゾキテ（装束）」、つまり甲冑も乗馬もすべて漆黒の姿で、数十人の武士を率いて悠々と登場し、その様子は、「ヨニタノモシカリケレ（世にも頼もしい）」と官軍に安心感を与えた。

平氏軍の六波羅退却は、大内裏での戦闘を避けて義朝軍をおびき出す計略だったらしい（『平治物語』）。平氏の本拠地で義朝軍は猛攻に遭い、敗れた。信頼・義平は逃亡したが捕まって斬られ、義朝は尾張《おわり》まで落ち延びたが殺された。義朝の首は京へ届けられ、翌平治二年正月九日に、「東の獄の門前の樹に懸け」られた（『百練抄』）。朝廷は改めて戦乱の敗者を、つまり〝誰が悪人か〟を、獄門というメディアを用いて都人に周知させた。

落首の登場――双方向メディアに進化した獄門

面白いことに、獄門というメディアは平治の乱で進化した。『愚管抄』によれば、義朝の首が獄門に懸けられた側に、落首《らくしゅ》（風刺的な落書としての歌）が書き付けられた。

下《しも》ツケハ　木《き》ノ上《かみ》ニコソ　ナリニケレ　ヨシトモミヘヌ　カケツカサ哉《かな》

「下ツケ」は、少し前まで下野守《しもつけのかみ》だった義朝を指す。「木ノ上」は「紀伊守《きのかみ》」の掛詞《かけことば》で、「ヨシトモ」は「義朝」と「良しとも」の掛詞である。『平治物語』も同じ歌を載せるが、末尾の「カケツカサ」が「あげつかさ」になっている。片仮名でカとアは形が近いから、一方が誤写だろう。『平治物語』の注釈書には、「あげつかさ」が正解で「官の昇進」とするものがある（栃木孝惟ほか一九九二、二三三頁注一八）。しかし、それは違うだろう。獄門の首は木に懸けるので、「カケヅカサ」の方が掛詞として成立する。しかも、兼任を意味する「かけつかさ」は広く用例があるが、「あげつかさ」はほかに用例がない。そもそも、下野守から紀伊守では昇進にならない。どう見ても「あげつかさ」が誤りだ。以上を踏まえて改めて歌の大意を取ると、「下野守義朝は木の上の首になってしまった。紀伊守を兼任できたならまだしも、これでは良い結末とはいえないな」となる。

この落首は、「これほど一文字も無駄がない落首は初めてだ」と絶賛を博した（『愚管抄』）。詠み手は不明だが、左大臣の藤原伊通《これみち》ではないかと噂された。伊通は、かつて関白忠通の養女として近衛天皇に入内した呈子《ていし》の実父で、忠通や美福門院との提携で権勢を得た二条天皇の側近である。直言・諫言を憚らない性格と機知に富む才覚で知られ、二条天皇に政治の要諦を指南する『大槐秘抄《だいかいひしょう》』を献上して大いに重んじられた。歌の内容と出来映えが、その性格・才覚・立場（二条親政派）にふさわしいと考えられたのである。

獄門は落首という機能の追加で、政権（勝者）が一方的にプロパガンダを流すだけでなく、政権に世論がフィードバックを返す、双方向メディアに脱皮した。政府の公式ツイートに、無記名でレスをつける機能がついたようなものだ。そして、その応酬を見た都人がさらに論評して世論を形成するという形で、獄門は一種のマスメディアと化したのである。

第六章　六波羅と法住寺殿の大規模開発

——後白河院・平家の二人三脚と京都拡張

摂関家も追い越す史上空前の清盛の出世スピード

平治の乱は、単なる平家全盛期の開始点ではなかった。本書の関心から重要なのは、この乱を経て、平家と後白河院政の連携で政治が主導された体制が、二つの都市域を新たに完成させ、京都自体を拡張したことだ。具体的には、平家の六波羅が急速に肥大化・完成したことと、後白河の新たな御所・法住寺殿《ほうじゅうじどの》が町ごと造られたことである。平清盛と後白河の二人三脚体制が、そのまま物理的に実体化したのが六波羅と法住寺殿だった。

源義朝が滅亡した結果、武士の巨頭は平清盛だけとなる。しかし、そのことと、朝廷の支配者になることは、まるで別の問題だ（その証拠に、後の源頼朝は武士の頂点に立ったが朝廷の支配者にならなかった）。にもかかわらず、清盛は朝廷の支配者へと急速に上りつめてゆく。清盛と同時代の九条兼実《くじょうかねざね》（忠通の子）が、彼の人生を「准三宮入道前太政大臣《じゅんさんぐうにゅうどうさきのだいじょうだいじん》清盛〈法名静海《ほうみょうじょうかい》〉は累葉《るいよう》武士の家に生まれ、勇名《ゆうめい》は世を被《おお》ひ、平治の乱逆《らんげき》以後、天下の権《けん》、偏《ひとえ》に彼《か》の私門《しもん》に在り（清盛は代々の武士の家に生まれ、武勇の誉れは世に満ち、平治の乱以後、天下の権力はすべて彼個人にあった）」とまとめた通りだ（『玉葉』治承五年閏二月五日条）。そこには恐らく、清盛の〝白河法皇落胤説〟が作用している。その説については第三章でも触れたが、〝武者の世の完成と連動する京都の完成〟という視点から、さらに詳しく踏み込んでみたい。

「武者の世」の第一段階は、平家全盛という形で完成した。それは京都に何をもたらしたか。それを理解するために、清盛が朝廷の支配者になってゆく経緯を簡単に確認しよう。

平治の乱の直後の永暦《えいりやく》元年（一一六〇）、九州で日向太郎通良《ひゅうがのたろうみちよし》という武士が治安を乱した。九州の制圧は大宰府の仕事だが、長官の大宰帥《だざいのそち》は親王の名誉職で、実際の長官となる大宰権帥《ごんのそち》も上級貴族の名誉職だった。そこで実質的な責任者は次官主席の大宰大弐《だざいのだいに》になるが、それが当時、清盛だった。通良の鎮圧を命じられた清盛は、家人を派遣して難なく成し遂げ、通良と部下ら七人の首を京に届け、後白河院らが見物した（『百練抄』）。

平治の乱で朝廷の危機を救った功績に、今回の功績も加算して、清盛には大きな恩賞が必要で、一ヶ月後の六月下旬に、正四位下《しょうしいのげ》から正三位《しょうさんみ》に昇進した。これは大事件だった。

そもそも平家は、公卿を出せる家柄ではない。また通常、位は一階ずつ上がり、飛び級することを越階《おっかい》とか直叙《じきじょ》というが、清盛は三段階も一挙に越階した。同じ日に、摂関家の九条兼実（忠通の庶子）が従三位から正三位に昇った事実と比べれば、清盛の越階の異例さが明らかだ。摂関家の家督にさえ、従三位を飛ばして正三位に昇った人は誰もいない。

気になって調べると、面白いことがわかった。それまでの歴史上、従三位を飛ばして正三位に直叙された人物など、一人もいないのだ。天皇の子の皇族や賜姓源氏の一世にも、例外はない。清盛の正三位直叙は、常軌を逸しているにもほどがある大事件だった。

直接の昇進理由は「六波羅に行幸の賞」、つまり平治の乱で二条天皇の身柄を賊から保護した功績だという。この異例の越階は、将門の乱の功績で藤原秀郷が六位から従四位下に四段階以上も越階した事跡と、清盛の功績を同列以上と見なした結果なのだろう。

白河院政の清算としての清盛の出世――落胤説とその証拠

この異常な正三位直叙は、始まりにすぎなかった。むしろその日から、清盛の出世は加速した。二ヶ月も経たない永暦元年八月一一日、清盛は参議になる。参議は朝廷の最高レベルの会議＝議政官《ぎせいかん》会議（陣定《じんのさだめ》）の一員で、やはり清盛の家柄では就任できない。前回の昇進からの時間が短すぎるのも異常だ。しかも清盛は当時、安芸《あき》の厳島《いつくしま》神社の参詣中で京都にいなかった。まるで朝廷が彼に用意したサプライズのようだ。さらに、参議に昇進させた理由が記録上明らかでない。何もかも異常だが、事情を総合するに、正三位昇進と参議任命は一セットで、それら全体で、平治の乱など一連の功績の恩賞とされたと見るほかない。

そのわずか半月あまり後の九月二日、清盛は右衛門督《うえもんのかみ》を兼ねた。三ヶ月あまり後の一二月二四日、清盛の妻の平時子《ときこ》が従三位に直叙された。「臨時」の賞と記録にあるが、昇進理由は不明だ（『山槐記』）。ただ、この頃から彼女の妹滋子《しげこ》（建春門院《けんしゅんもんいん》）が、後白河院の寵愛を受け始めたことと無関係であるまい。明けて応保《おうほう》元年（一一六一）、右衛門督任官から四ヶ月後の正月二三日、清盛は検非違使別当《けびいしのべっとう》になった。八ヶ月後の九月一三日、権中納言《ごんのちゅうなごん》に昇進し、一年後の応保二年八月二〇日に正三位から従二位《じゅにい》に昇った。その二〜三年間の清盛の出世スピードも異常だ。個別の昇進に理由があるというより、一目散に清盛を頂点へと押し上げる意図のもと、小刻みに段階を踏んだにすぎないと見た方がよい。

その後の四年間、従二位・権中納言のまま清盛の出世は止まる。しかしその間、長寛《ちょうかん》元年（一一六三）に長男重盛が従三位に昇って公卿になり、翌二年に正三位、翌永万《えいまん》元年（一一六五）に参議になった。重盛の正三位昇進は明らかに、父清盛が蓮華王院《れんげおういん》（今の三十三間堂）を造営し、供養（完成式典）に後白河院を迎えた賞である。この間、清盛は子世代の昇進を優先し、公卿を出す家柄を一代限りで終わらせない、〝家格《かかく》〟にしようとしていたのだろう。

永万元年八月、清盛は権大納言《ごんのだいなごん》に昇進して出世を再開し、すぐ加速した。翌仁安《にんあん》元年（一一六六）六月に正二位に昇り、七月に長男重盛が参議から権中納言に昇進、一一月に清盛は内大臣《ないだいじん》に昇って、ついにこの一家から大臣を出した。そして、わずか三ヶ月後の翌仁安二年二月、清盛は右大臣・左大臣を飛ばして太政大臣となり、あっという間に頂点を極めた。太政大臣は〝尋常でなく尊ばれるべき人〟を表す名誉的地位である。摂関家など名門の廷臣が、就任を望んで順番待ちしている名誉職なので、清盛はいつまでも在任できない。政務を仕切る権限もないので、その地位を踏んだ事実さえ残せれば、長居は無用だった。清盛は三ヶ月で太政大臣を辞し、翌仁安三年に病気を理由として出家した。

しかし、なぜ清盛はこの名誉職に昇りつめる必要があったのか。

官位は、どれだけ功績・寵愛・姻戚関係などが後押ししても、原則として血統で決まる。そして摂関家を凌《しの》ぐ早さで出世したなら、清盛は摂関家より尊い血統、つまり白河院の落胤と信じられたと考えるべきだ。二月に清盛が太政大臣となる直前の仁安二年正月末、重盛は正三位から従二位に昇り、八月にその弟宗盛《むねもり》が参議に昇り、一二月に従三位に昇って、清盛の息子から二人目の公卿を出した。息子たちがこうも簡単に公卿となり、その後も普通の貴族より速やかに昇進していった事実も、白河法皇落胤説が信じられた証左である。

宗盛が参議になった翌年の仁安三年、清盛の弟教盛《のりもり》・頼盛《よりもり》が相次いで参議に昇ったが、通常、一家に出世頭がいると、まず弟たちが連鎖的に出世し、息子たちはそれより遅れて出世する。ところが、平家では順番が逆だ。それも、清盛とその息子だけが、清盛の弟たちとは違う尊い血統を持つと信じられた証左となる。

さらに、右大臣・左大臣を飛ばして太政大臣となった人物は、それまでの歴史上、三人しかいない。太政大臣の初代・二代・四代の大友皇子《おおとものみこ》・高市皇子《たけちのみこ》・道鏡《どうきょう》だけだ。このうち道鏡は反逆者である上に、僧として「太政大臣禅師《ぜんじ》」になった例外的事例なので、清盛の先例にはなり得ない。すると、清盛が参照できる先例は大友皇子（天智《てんじ》天皇の子）・高市皇子（天武《てんむ》天皇の子）しかない。いずれも父が天皇であるから、それに倣《なら》った清盛も、天皇（白河）の子として太政大臣に昇ったと見てよい。

怒濤の昇進の起点は平治の乱直後なので、その頃には、清盛を白河院の子として処遇せねば、と世論が一致していただろう。それは白河院政の最後の清算であり、決着だった。

婚姻で融合する平家と天皇家——平滋子・平時子・平徳子

清盛が権中納言になる一〇日前の応保元年（一一六一）九月三日、妻時子の妹滋子が後白河院の皇子憲仁《のりひと》親王を産み、一二日後に滋子の兄の平時忠《ときただ》と清盛の弟教盛が解官《げかん》（罷免）された。憲仁の立太子を画策し、二条天皇を怒らせたのである。二条にはまだ男子がなく、三年後の長寛二年（一一六四）にやっと男子順仁《のぶひと》を得ると、翌永万元年六月にわずか二歳（満年齢なら生後七ヶ月の〇歳児）の彼に譲位し、六条天皇とした。二条は病中で、長く保《も》たないと観念し、皇位を憲仁に奪われないよう息子に譲位したのである。二条上皇は一ヶ月後の七月に二三歳の若さで没し、あっけなく二条親政派は中核を失った。

これで院政を確立させた後白河は、翌仁安元年（一一六六）一〇月に満を持して憲仁を皇太子に立てたが、六条天皇に譲位させるまでは油断できない。六条が順調に成長したり、皇子を儲けたりすれば、旧二条親政派が勢いを盛り返す可能性があるからだ。憲仁を速やかに皇位に就けなければ後白河院政は盤石にならないが、それには、最強の武力を背景に、誰も逆らえない発言力を有した清盛の支持が必須だった。

その中で、後白河を青ざめさせる事件があった。仁安三年二月、清盛が病気に倒れ、出家したのだ。たまたま紀伊の熊野社に参詣中だった後白河は慌てて全速力で帰京し、その足で六波羅の清盛を見舞った。今、清盛に死なれては、皇位がどう転ぶかわからない。後白河は意を決し、清盛の存命中に憲仁を天皇にするため、その月のうちに強引に六条を退位させ、憲仁を立てた。高倉《たかくら》天皇であり、彼もわずか八歳の幼児だった。五歳で退位を強いられた六条上皇は、気の毒にも八年後に一三歳で没した。幸い清盛の病は癒え、皇位継承問題を解決した後白河も安堵して、翌四年に出家した。清盛は同年春に六波羅を出て（二四九頁で後述）、摂津の福原《ふくはら》（今の兵庫県神戸市）に隠棲した。

高倉天皇の母滋子の姉時子は、久寿《きゅうじゅ》二年（一一五五）、清盛との間に次女の徳子《のりこ》を儲けていた。高倉の皇位継承で後白河院政という政体が確定した結果、高倉に徳子を嫁がせて天皇家と平家を一体化させ、政権の安定性を盤石にしようという結論が、後白河と清盛の間で出された。承安《じょうあん》元年（一一七一）一二月、徳子は後白河の猶子《ゆうし》（養育関係にない義理の子）となってから高倉天皇の後宮に入って女御《にょうご》となり、翌年に中宮《ちゅうぐう》となった。入内から七年後の治承《じしょう》二年（一一七八）一一月、二人の間に言仁《ときひと》親王が生まれ、翌月には皇太子に立てられ、二年後の治承四年二月に高倉天皇から譲位されて、わずか三歳で安徳《あんとく》天皇となった。かくして清盛は天皇の外祖父・外戚になり、望み得る最高の地位に到達する。

平家の繁栄に伴う六波羅の大規模拡大

平家の発展は、京都の発展に直結した。正盛が鴨川の東に入手した土地に六波羅堂を建てたことを皮切りに（一二三頁）、その一帯の開発が進んだのである。平氏の台頭は、ゼロから「六波羅」という都市域を生み出し、急速に一大繁華街へと育て上げた。

延慶本《えんぎょうぼん》『平家物語』（巻第三末―平家都落ル事）によれば、六波羅は六条大路の末、鴨川から一町東にあり、忠盛の時までに方一町《ほういっちょう》（約一二〇m四方）の居住区が整備されていた。正盛以前には田園地帯と葬送地（鳥辺野）だったので、これだけでかなりの都市化である。

それが、清盛の権力掌握によって一挙に肥大化した。『平家物語』によれば、父忠盛は保元の乱の三年前の仁平《にんぴょう》三年（一一五三）に五八歳で没し、清盛が六波羅を継承した。清盛の邸宅は二町四方（約二四〇m四方）に拡大し、建物は一七〇棟以上を数え、その周囲の二〇町以上に及ぶ都市域に、清盛の一族・郎等らの家々が三二〇〇（一説に五二〇〇）も建ち並んだという。数字は誇張だとしても、尋常でない大開発だったことは認めてよい。

その核となる清盛の邸宅を「六波羅泉殿《いずみどの》」という（『明月記』治承四年一一月二六日条）。その四町という面積は、白河院の御所だった白河北殿・白河南殿と同じで、これに匹敵する広さの邸宅は、内裏も含めて一つもない。この泉殿を中心として、その惣門《そうもん》（広い区画全体の門）のそば、門の脇に弟教盛の邸宅「門脇殿《かどわきどの》」があった。また弟頼盛の邸宅は、庭園の池が評判で「池殿《いけどの》」と呼ばれた。六波羅地域の北には倉町《くらまち》（倉庫街）があり、南東の角には清盛の長男重盛の「小松殿《こまつどの》」があった。

平安京の中心街＝左京北部は、すでに立錐の余地なく開発が進んでいた。方四町の常軌を逸した大邸宅や、それを中心とする数十町規模の新市街など、中世的な権力に見合う大開発を受け入れるには、どうしても郊外の未利用地の容量《キャパシティ》が必要だった。院政や清盛の登場が促した京郊の大規模開発もまた、中世「京都」に不可欠の基本要素なのだった。

清盛が支える後白河院政の確立と法住寺の新御所

大出世が始まった頃の清盛は、後白河院政派と二条親政派の対立に深入りせず、どちらからも頼られる朝廷の柱石として振る舞った。しかし、『愚管抄』には「イカニモ清盛モヽレモ下ノ心ニハ、コノ後白河院ノ御世《みよ》ニテ世ヲシロシメスコトヲバ、イカヾトノミオモヘリケルニ……」とある。清盛も含む大多数の人々は、父をさしおいて息子が親政するのを内心支持しなかったといい、清盛も内心は後白河院政派だった。その証拠に、二条親政派の急先鋒の大炊御門経宗・葉室惟方が、平治の乱の直後に後白河と対立した時、後白河に彼らの逮捕を命じられたのは清盛であり、命令通り逮捕を果たしている。

二条の生前に清盛を権中納言まで出世させたのも、そしてもちろん二条の死後の内大臣・太政大臣昇進も、後白河の意志だ。清盛の圧倒的武力や輿望《よぼう》に裏打ちされて後白河が院政を確立させ、後白河の推挽《すいばん》で清盛が臣下の頂点を極めるという、完全に利害が一致し

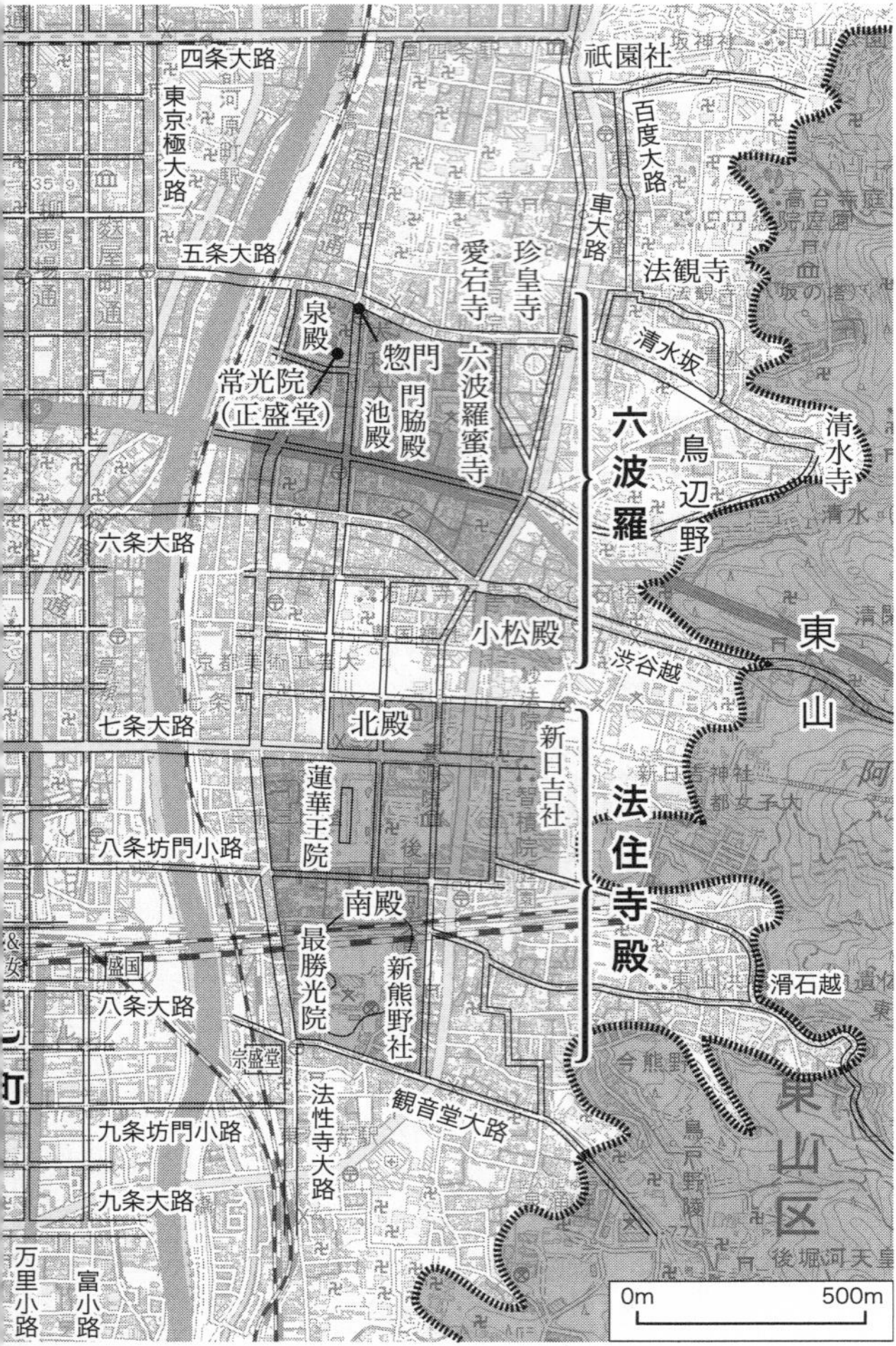

位置関係（参考に鉄道路線を強調した。山田邦和 2012 を加工）

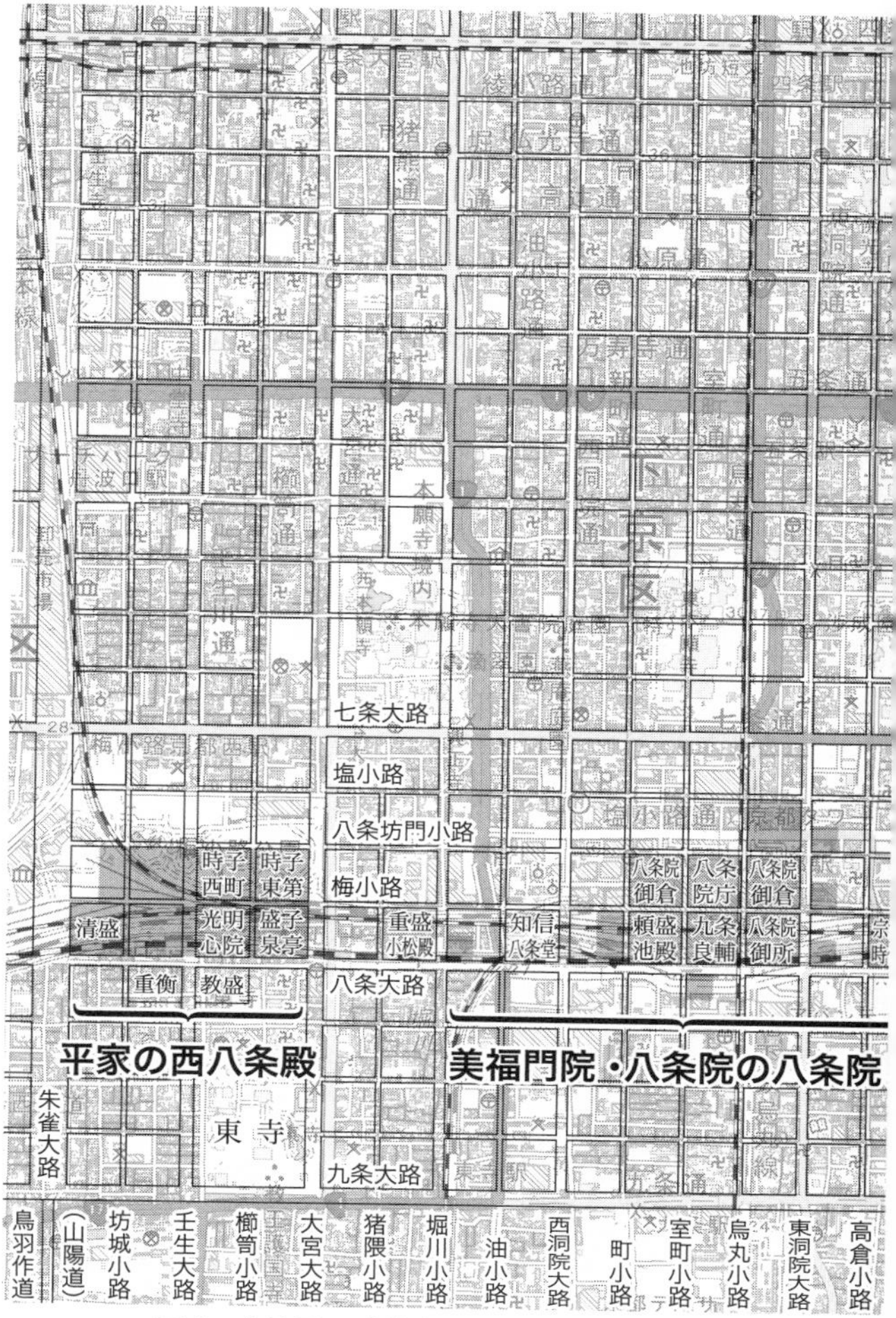

図９　六波羅・法住寺殿・八条院町・西八条殿の規模と

た二人三脚で、二人の権勢は完成したのである。したがって、清盛の権力の向上は、単に平家の六波羅の発展を促しただけではなく、同時に後白河院政の拠点の発展をも促した。

後白河は左京北部の高松殿《たかまつどの》で践祚（皇位継承）し、二条に譲位した後まで住み続けたが、平治元年（一一五九）七月に修築した翌月に全焼する（『百練抄』）。次の御所は三条殿《さんじようどの》（三条烏丸殿《からすまろどの》）といい、三条の北、烏丸の東（今の地下鉄烏丸《からすま》線の烏丸御池《からすまおいけ》駅の、一番南の出口を出た付近）にあって（『一代要記』『帝王編年記』）、かつて崇徳天皇や晩年の白河法皇が住んだ御所だった（詫間直樹―一九九七。以上の所在地は一九五頁図8も参照）。重要なのは、その邸宅の本来の所有者である藤原基隆《もとたか》が、藤原信頼の祖父だったことだ。後白河が三条殿に住んだのは、信頼との縁、彼への親愛の証だったと見てよい。このことも、その三条殿を平治の乱で襲って焼いたのが、源義朝の独断だったと疑える理由である。

後白河院は平治の乱でまた焼け出されたが、次の御所のあてはあった。在位中の久寿三年（一一五六）正月、方違行幸《かたたがえ》（陰陽道の悪い方角を避けて迂回するための出行）で二日間だけ滞在した、鴨川東岸の集落である。そこは、八条坊門小路の末で、突き当たりに堂の西門があり、その堂は「法住寺《ほうじゆうじ》入道中納言の東の堂」と呼ばれていた（『山槐記』）。「法住寺入道中納言」は、藤原清隆《きよたか》である（『兵範記』仁平四年一〇月二一日条）。彼は父隆時《たかとき》が白河院の近臣だった縁で受領を歴任して財を築き、鳥羽院の乳母《めのと》夫となって、権中納言まで出世した後、出家してここに堂を建てた。彼の堂は「東山の私堂」と呼ばれ、久《きゅう》安《あん》五年（一一四九）には「九重《くじゅう》の塔婆《とうば》」（白河天皇が法勝寺に建てた全高八一mの九重塔）を模した塔を建て、近衛天皇の発願《ほつがん》で建立した扱いにする優遇を受けた（『本朝世紀』）。その「堂」は平均的な寺院を凌駕する大規模施設で、上皇の滞在所として申し分なかった。

後白河、東山の安息の地に新御所「法住寺殿」を設ける

　もっとも、当時、法住寺という寺はない。法住寺は永延《えいえん》二年（九八八）、右大臣藤原為《ため》光《みつ》（師輔《もろすけ》の子）が七条大路末に創建した寺院で、花山《かざん》天皇の女御《にょうご》として寵愛された娘の忯《き》子《し》が、出産で没したのを機に創建されたらしい。長元《ちょうげん》五年（一〇三二）に全焼して消滅したが、その地域の開発が法住寺から始まったためか、「法住寺」は地名として残った。

　後白河が御所の建設場所に法住寺を選んだ決め手は、実は法住寺という寺でも、為光や清隆との縁故でもない。恐らくそれは、そこに紀伊二位《きのにい》という女性の堂があったことだ。

　彼女は信西の妻で、本名を藤原朝子《ともこ》といい、後白河の乳母《めのと》、つまり彼を育てた、最も信頼する女性だった。父の藤原兼永《かねなが》が紀伊守だったので、彼女自身が三位に昇ると「紀伊三《きのさん》

位《み》」、二位に昇ると「紀伊二位」と呼ばれた。父は無名だが、祖父俊範《としのり》の母が平直方《なおかた》の娘だった（『尊卑分脈』）。平直方は武士で、平忠常の乱の追討使に起用されながら役目を果たせず、代役を果たした源頼信・頼義親子に惚れ込み、娘を頼義に嫁がせて義家を生ませ、相模《さがみ》の鎌倉を頼義に譲った人物だ。つまり、紀伊二位の祖父と源義家は母方で従兄弟同士であり、藤原俊範・兼永・朝子（紀伊二位）の三代には、武士の血が入っていた。兼永が武士に人気（五一頁）の左衛門尉に任官したのも、その影響だろう（『尊卑分脈』）。

後白河が二条に譲位した二ヶ月後の保元三年（一一五八）一〇月、まだ「紀伊三位」と呼ばれていた彼女は一間四面《いっけんしめん》の小さな堂を建てて「清浄光院《しょうじょうこういん》」と名づけ、中に丈六《じょうろく》（仏の身長と同じ高さ一丈六尺＝約四・八五m。ただし坐像の場合は半分の八尺＝約二・四三m）の阿弥陀如来像を安置して、供養（完成式典）を行った（『兵範記』）。仏事を主導する導師は、天台座主の最雲《さいうん》法親王が務め、また「大門」に掲げる「清浄光院」の額は、後白河院の命令で前関白藤原忠通が書いた。後白河は乳母に報いたのである。

紀伊二位がこの地を選んだのは、南西の隣に夫の「少納言入道《しょうなごん》（信西）の本堂」があったからだ（『兵範記』）。それは信西宅の一角にあったが、平治の乱で焼き払われ（『歴代皇記』）、信西自身も自害したため無人の野になった。そこに後白河は御所を造営した。最も信頼した政治家の邸宅跡に暮らすことで、彼への変わらぬ信頼を示し、最も信頼する女性が建てた堂に寄り添って暮らすことで、その地は後白河の安息の地となっただろう。

法住寺殿と敷地の強制収容——専制的院政と清盛の協力

かくして、ここ法住寺に後白河院の御所が造営され、応保元年（一一六一）四月に移住した。六年後にこの御所が拡張された時、ある廷臣は「件の御所、応保以後、離宮と為《な》る」と回顧した（『吉記』）。後白河の院御所「法住寺殿《ほうじゅうじどの》」が、ここに誕生したのである。

その場所は東山《ひがしやま》（京都盆地の東側の山麓）に含まれたので、正式名称は「東山御所」と呼ばれた（『後中記』『吉記』）。ただ、後にこの御所は「法住寺殿」と呼ばれることが一般的になり、歴史家もその名前で呼ぶ。応保元年四月の創建当初からこの御所を「法住寺殿」と呼ぶ記録もあるので（『山槐記』）、本書でも「法住寺殿」で統一しよう。

法住寺殿は、院の近臣の播磨守《はりまのかみ》藤原家明《いえあき》の費用負担で造営されたが、中核の建物は、中御門西洞院《なかのみかどにしのとういん》にあった藤原信頼の邸宅を、移築したものだった（『右禅記』）。それまで住んでいた三条殿も信頼一家のもので、法住寺殿の立地が信西の邸宅跡地だったことを考慮しても、やはり後白河には、かつて寵臣が住んだ家に住む習性が強い。彼独特の親愛の表現と見るしかあるまい。とすれば、後白河は平治の乱後もなお、信頼への親愛感情を失っていなかったことになる。その後白河を信頼が恨んで襲撃したと考えるのは困難で、ここからも、三条殿焼き討ちを信頼の計画とはいえそうにない。これを手がかりに、平治の乱で本当のところ何が起こったかは、古代・中世史家が全面的に考え直した方がよい。

信西の宅地跡は無人だったが、法住寺殿はその周囲の、寺院や邸宅が建ち並ぶ広大な敷地まで取り込んだ。それらは容赦なく立ち退かされ、その中に「帥入道の九体堂《そちのにゅうどうくたいどう》」もあった。「帥入道」は九重塔を建てた藤原清隆である。彼が建てた「九体堂」（阿弥陀如来像を九体安置した堂）は「忽ち壊《たちまこぼ》ち渡され（すぐに解体移転させられ）」た（『右禅記』）。

こうして確保した土地は「十余町」にも及び、立ち退いた「堂舎」は大小八〇以上に及んだ（『山槐記』）。これだけの敷地面積を誇る法住寺殿は、もはや一個の邸宅と見なしがたい。法住寺殿の造営は単なる院御所の造営ではなく、一つの都市域の再開発だったのだ。後白河は、自生的に生まれていた新たな京域（法住寺地域）を、一挙に自らの権力の中に回収し、権力の拠点に造り替え、権力を振り回して居住者を立ち退かせた。それは「衆人《しゅうじん》、怨み有りと云々《うんぬん》（多くの人が怨んでいるらしい）」といわれ（『山槐記』）、怨嗟の声が満ちた。

これほどの後白河の強気は、反発を圧殺できる自信に基づくに違いない。そして当時、それだけ強く睨《にら》みを利かせられる人物は、平清盛しかいない。京都の土地行政は、京職《きょうしき》と検非違使の仕事だが、京職はとうに形骸化しているので、立ち退きは検非違使の監督下で行われたはずだ。そして、法住寺殿が完成する三ヶ月前の応保元年（一一六一）正月、その検非違使別当に就任した人物こそ、まさに清盛だった（『公卿補任』）。その人事の目的は、法住寺殿造営の円滑化（特に住人立ち退きの円滑化）だった可能性が、極めて高い。法住寺殿は、平清盛の支持を背景とする、専制的な後白河院政の始動の象徴なのだった。

二条親政に敗れた後白河院政の墓標――蓮華王院

法住寺殿の中核は、「法住寺の本体の観音堂《かんのんどう》」だった（『醍醐寺雑事記』）。『愚管抄』に「後白河院ハ多年《たねん》ノ御宿願《ごしゆくがん》ニテ、千手観音千体《せんじゆかんのん》ノ御堂《みどう》ヲツクラントオボシメシケルヲバ、清盛奉《うけたまわ》リテ、備前《びぜん》国ニテツクリテマイラセケレバ、長寛二年十二月十七日ニ供養アリケル」とある。後白河にとって、千手観音を千体安置した堂の建立は長年の念願で、備前の知行国主《ちぎようこくしゆ》（受領の任命権を与えられた事実上の国の統括者）だった清盛が、備前からの税収を投じて建立した。それが、今も「三十三間堂」の通称で知られる観光名所、蓮華王院《れんげおういん》である。それは、平忠盛が白河院のために造営した得長寿院（一二七頁）の模倣で、白河院と忠盛の蜜月関係を、後白河は自分と清盛の間で再現しようとしたと見てよい。

長寛二年（一一六四）の蓮華王院の完成式典に、後白河は二条天皇の臨席を望んだが、二条は少しも関心を示さなかった。また後白河は、造営した清盛に報いる昇進人事を二条に求めたが、これも無視された。清盛の次の昇進は八ヶ月後の兵部卿《ひょうぶきょう》の兼任だが、時期が離れすぎ、また兵部卿は形骸化した名誉職なので報いにもならない（通常は受領をもう一期させるか、位を与える）。蓮華王院造営の賞は、清盛に与えられなかった。所詮、院政は天皇の後見者にすぎず、当の天皇が「嫌です」といえば、人事は成立しないのである。

ある時期まで、二条は後白河と尊重し合い、前関白忠実を交えて、政務の決裁を相手に委ねる関係だった。しかし、応保元年（一一六一）の憲仁の誕生と、彼の立太子を急ぐ平時忠らの策謀（二一九頁）を境に、二条は態度を硬化させ、後白河を排除した二条親政が始まった（佐伯智広―二〇〇四）。蓮華王院の完成は、その三年後だ。

後白河は「自分に尽くした清盛に報いてやれないか」と提案したが、二条は「私や朝廷には関係ありません」と拒否した。使者を務めた平親範《ちかのり》は、後白河に「イカニ（どうだった）」と問われ、「勅許候《ちょっきょそうら》ハヌニコソ（天皇の許可は出ないようです）」と答えた。すると後白河は涙を浮かべて、「ヤ、、ナンノニクサニ（ああ、なぜそこまで私を憎むのか）」と悲しんだ、と親範は後に証言している（『愚管抄』）。蓮華王院は、父が子に見放され、二条の生前には二条親政に勝てなかった後白河院政の空しい墓標のように、私には見える。

院政の権力に比例する法住寺殿の大規模化

永万元年（一一六五）、二条は六条天皇に譲位してすぐに病没した。その翌年の仁安元年、法住寺殿の新造工事が始まる。当時の記録に「狭少」「其《そ》の屋、甚《はなは》だ少《すくな》し（建物が全然足りない）」「本《もと》の御所、頗《すこぶ》る凡卑《ぼんぴ》なり（従来の御所が院の格式に合わない）」などと不満が書かれている（『百練抄』『山槐記』『禅中記』）。二条の死で権力を一手に握って肥大化した後白河院の権勢に、従来の法住寺殿の建物数や格式が釣り合わなくなったのだ。

周防《すおう》・讃岐《さぬき》の知行国主だった藤原俊盛《としもり》が、林業の盛んな周防から材木を調達し、その他の負担は讃岐に割りあてて法住寺殿の新造を担った（『山槐記』『禅中記』）。通常、院御所の造営に充てる知行国は一ヶ国だが、法住寺殿は二ヶ国分の巨富を必要とする規模だった。

仁安二年正月、後白河は新造の法住寺殿へ入る移徙《いし》の儀を行った。移徙とは、本宅の移転を社会に通告する儀礼である。その日、後白河は古い法住寺殿の東門を出て、蓮華王院の西を南下し、新造の法住寺殿の北面に到達し、西門から入った（『山槐記』）。これによ

図 10　法住寺殿（『年中行事絵巻』朝覲行幸，田中家所蔵模本）

り、北から順に〈旧法住寺殿→蓮華王院→新造法住寺殿〉という位置関係が判明する。

蓮華王院は当時も今も、七条大路末の南に面するので、旧法住寺殿の場所は七条の北、新造法住寺殿の場所は七条からかなり南に下がった地点だ。旧法住寺殿が造られた時、京中から八条坊門末（七条より二町南、今の西塩小路通）を東へ進むと、敷地の西門に着いたという（『右禅記』）。旧法住寺殿は南方へ八条坊門末まで届く、広大な敷地を占めていたのだ。しかしその南側は建造物がなく、仁安二年にそこに新造の御所が建ったのである。

旧御所の南にあるので、新造法住寺殿は「南殿《みなみどの》」「法住寺南殿」とも呼ばれた（『禅中記』『百練抄』）。正式名称は「東山御所」のままで（『兵範記』『吉記』）、「東山殿《ひがしやまどの》」とも呼ばれたが（『山槐記』）、一般には「法住寺殿」と呼ばれた。以後、「法住寺殿」といえば南殿を指し、寿《じゅ》永《えい》二年（一一八三）に木曾義仲《きそよしなか》に焼かれるまでの一六年間、後白河院政の拠点になった。その景観は、承安元年（一一七一）の高倉天皇の朝覲行幸《ちょうきんぎょうこう》（天皇が父の住居を訪ねる行事）を写実的に記録した『年中行事絵巻』冒頭の朝覲行幸図に描かれている（図10）。

平治の乱と新日吉社・新熊野社の創建

法住寺殿の開発は、かつての鳥羽と同様に、院政に必要な一切合切を完備した、新たな都市域を丸ごと造り出す事業だった。その証拠が新熊野《いまくまの》社・新日吉《いまひえ》社の創建である。

新熊野社・新日吉社は、文字通り「新たな熊野神社・日吉神社」だ。熊野神社は、紀伊の修験道の本場で本宮・新宮・那智の総称、また日吉神社は比叡山延暦寺の鎮守社で、京都盆地と反対側の、近江の琵琶湖畔にある。いずれも、京からふらりと参詣できる距離にない。後白河が、熊野と日吉の祭神を京に勧請《かんじょう》（招待）して新熊野社・新日吉社を創建したのは、その参詣の手間を省くためだが、数ある神社からこの二社を選んだことは、この二社を格別に崇敬する理由があったことを意味する。

新熊野社・新日吉社が完成した日は、永暦《えいりやく》元年（一一六〇）一〇月一六日である。新日吉社の着工は三ヶ月前の七月二二日（『延暦寺文書』）、新熊野社は不明だがほぼ同時だろう。その着工は、法住寺殿に後白河が入居した応保元年（一一六一）四月より約九ヶ月前になる。九ヶ月は、院御所などの大規模土木工事の、平均的な工期と近い。つまり法住寺殿と新熊野社・新日吉社は、ほぼ同時に着工されたのだろう。してみれば、新熊野社・新日吉社は法住寺殿と最初から一体で、この都市域の宗教的理念の核だったことになる。

既存の神社を京に勧請して「新○○社」と名づけて創始した事例は、平安時代には新熊野社・新日吉社の二社しかない。つまりそれは、後白河の東山（法住寺地域）開発に独特の、珍しい出来事だ。では、それをもたらした当時の後白河に特有の事情とは何か。

京の東に聳《そび》える比叡山は、平安時代以前には「近淡海国《ちかつおうみのくに》の日枝《ひえ》の山」と呼ばれ、大山咋神《おおやまくいのかみ》が住む山岳信仰の山だった（『古事記』）。「比叡山」は「ヒエの山」を仏教らしい立派な宛字で書いた、延暦寺の山号である。ヒエの山には、大山咋神を主祭神とする日吉社が先にあったが、後発の延暦寺に取り込まれ、主祭神も仏の化身の山王権現《さんのうごんげん》に変えられ、延暦寺が担う王城《おうじょう》（平安京）鎮護の神にされた。したがって、後白河が、京都の新市街地の開発で日吉社を崇敬するのは自然だ。ただし、新日吉社の創建という形は、自然ではない。

実は、新熊野社・新日吉社創建の五ヶ月前、そして平治の乱終結の翌月にあたる永暦元年二月、後白河は会議を開いていた（『百練抄』）。その議題が、〈近々行う上皇として初の神社参詣の行き先〉だった。前近代では、物ごとは重要な順に行われる。だからこの問題は、〈後白河がどの神社を最も崇敬するのか〉という問題に等しい。国家や京を鎮護する大神社には石清水八幡宮・賀茂社などもあったが、後白河は日吉社を選び、三月に参詣すると決めた。さらに、直後の四月に熊野社に参詣する計画も議論された。この日吉社第一、熊野社第二という序列が、新日吉社・新熊野社の創建と明らかに対応している。

ではなぜ、それらは特別な崇敬を獲得したのか。その日吉社参詣の記録（『百練抄』）に、「上皇、始めて日吉社に参詣す。御遜位《ごそんい》の後、始めての神社御幸《ごこう》なり。別《べつ》して御願《ごがん》有る故なり」とある。後白河が日吉社を選んだのは、平治の乱で襲撃・幽閉された時、特別に日吉社に事態打開を祈ったからだという。その時に日吉社を特別扱いした理由が、日吉社の国家的役割に対する期待か、それとも後白河の個人的事情によるのかは、よくわからない。いずれにせよ、重要なのは、乱が後白河有利に解決したことだ。つまり後白河にとって、〈平治の乱は日吉社が勝たせてくれた戦争〉ということになった。

ここに、新日吉社・新熊野社の創建が、平治の乱と直結することが判明した。その証拠はまだある。乱の終盤を時系列で再確認すると、①戦闘の決着が平治元年一二月二六日。②論功行賞が三日後の二九日。③源義朝の晒し首が年明けの永暦元年正月九日。④義平の処刑が二一日。⑤その弟で捕虜だった頼朝・希義《まれよし》らの流刑の執行が三月一一日だった。そして、④と⑤の間の二月二六日に、後白河の日吉社・熊野社参詣が決定した。戦後処理の進行中に決まった二つの参詣は、それ自体が戦後処理であり、乱の一部だったのである。

とすれば、熊野社が特別扱いされた理由は簡単だ。平治の乱では、清盛が熊野社への参詣の道中で急報を受け、京都へ取って返した。その最大の危機で協力した熊野別当湛快《たんかい》（二〇八頁）は、熊野社の元締めである。平治の乱で清盛が逆襲して勝利できたのは、熊野社の協力と加護のお蔭だった。清盛がそう信じた証拠に、戦後、熊野社に最大の感謝を示した者、つまり新熊野社の造営を担った者こそ、清盛だった（『延暦寺文書』）。

かくして、事情は判明した。都で起こった反乱、それも天皇・院の身柄が一時幽閉されるという史上初にして最大の天皇家の危機は、日吉社・熊野社の加護で克服された。後白河・清盛はそう信じた。京に新たな日吉社・熊野社を建てて日常的に、直接朝廷（後白河）が祭祀を捧げるという空前の厚遇は、破格の功績に応える破格の返礼なのだった。

その新日吉社・新熊野社の創建は、法住寺殿の造営と一体だった。とすれば、乱で失った寵臣信西の宅地跡に、乱で死んだ藤原信頼の邸宅を移築して院御所を営み、乱に勝利をもたらした二つの神社も配置して再開発された法住寺殿とは、平治の乱の結末そのものだ。

その平治の乱は「武者の世」の到来を告げる二番目の事件だった。ならば法住寺殿は、単なる院の権力拠点や京郊の新規開発であるにとどまらない。ついに姿を現した、「武者の世」の物理的実体でもあったのである。

その最初の法住寺殿が、七条大路末の北、今の京博（京都国立博物館）付近に造営されたことに、再度注意されたい。今でも、京博や蓮華王院（三十三間堂）から北へ歩けば、すぐ六波羅蜜寺だ。つまり、法住寺地域は、大規模開発が進んでいた平家の拠点・六波羅地域の南にほぼ隣接し、二人三脚のように歩調を合わせて開発されていった。それはまさに、武士（平家）が院政（後白河）と事実上対等な、真の並列的な二人三脚で政治を決める「武者の世」を、そのまま物理的に表現した都市域なのだった。

第七章　平家の新都市域「八条」の開発

――京都が最初の完成を迎える時

美福門院一家の「八条殿」を八条院が相続

平治の乱後の結末としての京都開発は、実は六波羅・法住寺殿のセットだけではない。平家は源平合戦が始まるまでに、もう一つの巨大拠点を開発した。平安京の左京の南部、朱雀大路と八条大路の交差点の北東に開発された大規模邸宅、「西八条殿《にしはちじょうどの》」である。平家はあれほどの規模の六波羅地域を完成させながら、なぜもう一つの拠点を必要としたのか。そして、その拠点はなぜ、それまでの鳥羽・白河・六波羅・法住寺殿のような京外の新規開発ではなく、平安京の中に造られたのか。この章では、それらの謎に迫りたい。

平家の西八条殿の完成をもって、白河院政期の「京都」誕生に始まる京都開発は、一度目の完成を迎える。それを見届けるために、二つの寄り道が必要になる。

一つは、平家より早く美福門院一家が手がけた八条開発の前史であり、もう一つは、西八条地域と平家の関係の前史である。名前の通り、平家の西八条殿は、美福門院一家が開発した八条より西にある。平家はなぜその立地を選んだのか。それを探るには、二つの前史を淵源まで遡《さかのぼ》らなければならず、一度、時計の針を巻き戻す必要がある。

鍵は、実は清盛ではなく、その妻・平時子《ときこ》の一族と西八条の関係にあった。それらの二つの前史を踏まえた上で、西八条殿の開発が最終的に平家と京都にとって何を意味したか、という結論へと話を導こう。

美福門院一家と八条の関係は、すでに白河院政期には確立していた。美福門院の父の藤原長実《ながざね》が、この地域に「八条の宅」を持っていたのだ。それは白河院の近臣だった父の顕季《あきすえ》から譲られたもので、親子とも白河院の接待に活用した。仁平《にんぴょう》元年（一一五一）一一月にこの家が焼失した時、「件《くだん》の家は故長実卿の家なり。美福門院降誕の地なり」と回顧されたように、美福門院はこの邸宅で生まれ（『百練抄』）、後にこの邸宅を譲られた。美福門院が鳥羽院に愛され、息子の近衛天皇の即位によって皇后待遇を獲得した結果、その家も皇后の住居らしく格上げされて「八条殿《はちじようどの》」「八条院」などと呼ばれた。

八条殿はその後も、美福門院一家の重要拠点であり続けた。彼女の一家の最重要人物は、もちろん養子の二条天皇である。彼は平治の乱の終戦直後、平清盛に護衛されて「美福門院の八条亭」＝八条殿に入った。それは、美福門院を頂点に結束する二条天皇・平清盛たち一派こそが、唯一正統な政府を担える勢力だと、改めて強く印象づける出来事だった。

しかし美福門院は、乱から一年も経たない永暦《えいりやく》元年（一一六〇）一一月、四四歳で世を去った。彼女の息子は亡き近衛天皇だけだったので、遺産は娘に相続された。その中で、最大規模の遺産を相続したのが、二四歳の八条院（暲子《あきこ》内親王）である。彼女は保元《ほうげん》二年

（一一五七）に二一歳で出家したが、翌年に義弟の二条天皇が即位する時、准母《じゅんぼ》（天皇の実母に代わって庇護者となる女性）となった。そして母の死去から一年後の応保《おうほう》元年（一一六一）に院号宣下《いんごうせんげ》（上皇並みの待遇）を受け、「八条院」と呼ばれはじめる。彼女は永治《えいじ》元年（一一四一）に父の鳥羽院から一二ヶ所も所領を譲られていたが、美福門院の遺領も加えて膨大な所領群＝「八条院領」の持ち主となり、その中に母の遺産・八条殿があった。彼女の「八条院」という院号は、その美福門院一家の拠点に由来している。

八条殿の所在と広域街区「八条院町」の形成

保延《ほうえん》七年（一一四一）二月、鳥羽院の石清水八幡宮参詣に随行した美福門院は、「八条東洞院御所《ひがしのとういんごしょ》」から出発したと記録にある。これが八条殿のことで、久安《きゅうあん》四年（一一四八）閏《うるう》六月に鳥羽院が逆修《げきしゅ》（生前に自分の成仏を願う仏事）を行った「八条東洞院第《てい》」も同じ邸宅である。安元《あんげん》三年（一一七七）六月、高倉天皇が八条院の御所をしばらく内裏にした時の記録にも「八条東洞院亭〈八条院の御所なり〉」とあって、八条院が美福門院の八条殿（八条東洞院御所）を相続していたことも確かだ（『兵範記』『本朝世紀』『玉葉』）。

右の通り、八条殿は八条大路と東洞院大路の交差点にあった。そして「八条院〈八条北・烏丸東の八条院御所〉」と書かれた記録があるので（『山槐記』文治元年八月一四日条）、八条殿の所在地は、八条大路の北、梅小路の南、烏丸小路の東、東洞院大路の西の、一町四方に確定できる。

それは今でいえば、ちょうどJR京都駅の真下だ（二二五頁図9）。新幹線のプラットホームの東の端あたりを南東の角として、東西はそこから西へ一二〇mほど、南北は〇《ゼロ》番線（草津線や特急サンダーバードなどが発着）から一四番線（新幹線の下り）まで、つまり奇しくもJRの全路線の幅と同じだ。新幹線の一六号車から一二号車あたりまでで乗り降りする乗客は全員、誰も気づかないうちに、八条殿の地に降り立っているのである。

八条院は周辺の土地まで取り込み、八条殿を中核に一三の区画から成る「八条院町《はちじょういんまち》」という一つの街区が、丸ごと開発された（二二五頁図9）。八条院町が、鎌倉末期の正和《しょうわ》二年（一三一三）に天皇家から東寺に寄進された直後に、その詳細な内訳を記したリストが作られている（「東寺百合文書」シ）。それによると、「八条東洞院西一町」に八条院の御所があり、北隣には八条院の財産を納めた「女院の御倉《みくら》」があり、一町四方もの広さを占めた。その西隣には「女院庁《にょいんのちょう》（女院の家政機関の事務所）」があり、これも一町四方を占めた。さらに、周辺一〇ヶ所の区画も、飛び地状に八条院の所有地だった。

すべて合わせると、八条院町は、北は八条坊門小路の北側まで、南は八条大路の南側まで、東は高倉小路の東側まで、西は堀川小路までという、南北四町近く×東西八町近くの、広大な市街地だった。今でいえば、南は、京都駅の最南端である新幹線の一四番線から始まって（近鉄線も含め）京都駅すべて、北は北口の駅前広場（バスターミナル含め）すべてがちょうど含まれる。それらを完全に包み込んで、東西の幅が高倉通から堀川通までである。驚くべき広さである。

これほど広大な土地を入手できたのは、平安時代に左京の四条以北に人家が密集してゆく中で、標高が低くて水が流れ込みやすく水はけも悪い八条・九条あたりが、未開発で放置されていたからだろう。その開発の権利を、院政期に美福門院・八条院一家が手に入れ、一挙に開発したのである（水はけの悪さを、どのような技術で克服したかは不明だ）。

この八条院の人脈は、平家と絡み合う。八条院の乳母は、美福門院に仕えた宰相《さいしょう》という女房だった。彼女は村上《むらかみ》源氏の源国房《くにふさ》の娘で、色白だったせいか「白宰相《しろさいしょう》」の名で有名だったらしい（『尊卑分脈』）。彼女は寛雅《かんが》という僧に嫁ぎ、息子と娘を儲けた。息子は俊寛《しゅんかん》という僧で、鹿ヶ谷《ししがたに》の陰謀事件で清盛に逮捕され、南西諸島の鬼界島《きかいがしま》に流されて人生を終え、その境遇は後に謡曲『俊寛』として有名になった。一方、娘は八条院の乳母子《めのとご》になった。乳母子は乳母の子で、同じ女性の乳で育ち、実の兄弟姉妹と同等以上に緊密な信頼関係で結ばれる側近になる。彼女も八条院に仕え、大納言局《だいなごんのつぼね》と名乗った。

その大納言局が、平頼盛《よりもり》に嫁いで光盛《みつもり》という子を儲けている。頼盛は清盛の異母弟で、八条院と特別に近い関係にあった。頼盛はその関係から、平治の乱後に八条院に申請して八条院町の一角をもらい受け、「八条室町亭《はちじょうむろまちてい》」という邸宅を新造した（『百練抄』治承五年二月一七日条）。その名前から見て、場所は八条殿の西に接していたと考えられる。

ただ、頼盛の存在は、平家の西八条殿に直結しない。頼盛は平家一門の中で浮いており、どちらかといえば清盛と対立していたからだ。では、何が平家を西八条殿に導いたのか。

平時子の「八条坊門櫛笥二品亭」と「光明心院」

平家の西八条殿は、八条院町の西に造られた。今の京都水族館や、京都鉄道博物館（かつての梅小路機関区）、その間の梅小路公園が丸ごと含まれる場所にあたる。その南西の角に、清盛の邸宅があった。延慶本《えんぎょうぼん》『平家物語』（巻第三末―平家都落ル事）に「平相国禅門《へいしょうこくぜんもん》（清盛）ヲバ八条太政大臣ト中《もう》キ。八条ヨリハ北、坊城ヨリハ西方ニ、方一町《ほういっちょう》ニ亭有《ていあり》シ故《ゆえ》也《なり》……大小棟《むね》ノ数、五十余《あまり》ニ及《およ》ベリ」とあるので、その場所は八条大路の北、坊城小路の西で、今の「八条壬生《みぶ》」の交差点の北西にある六孫王神社《ろくそんのうじんじゃ》の、西隣にあたる。清盛は晩年にその西八条殿に住んだことから「八条太政大臣」と呼ばれ、建物数は大小合わせて五〇を超えたという。

専門家も含めて、この西八条殿を清盛の邸宅だと思っている人が多い。しかし、西八条殿の主《あるじ》は、実は妻の平時子だった。これを見過ごすと、西八条殿の正体がわからない。

時子は従二位《じゅにい》に昇り、二位を唐名《とうめい》（官位を中国風に呼ぶ雅称）で「二品《にほん》」というので、彼女も「二品」とか「二品壺禰《つぼね》（局）」と呼ばれた。そのため、時子の邸宅は記録に「八条二品亭」として現れる。その場所は、治承四年（一一八〇）三月に高倉上皇が訪ねた時の記録に「八条坊門の南、櫛笥《くしげ》の西」と明記されている（『山槐記』）。今の梅小路公園の、最も南東の池・水路のあたりである。

その邸宅は、翌四月から高倉上皇の御所とされ、妃の中宮徳子《のりこ》も同居した（『山槐記』）。直後の五月、以仁王《もちひとおう》の乱が勃発すると、大内《おおうち》（大内裏の内裏）にいた幼少の安徳天皇が時子の八条の家に保護され、玉突き式に高倉上皇は東隣（大宮大路の西側）の邸宅に移り住んだ。八条坊門小路沿いに、櫛笥小路を挟んで西側に安徳、東側に高倉が隣り合って暮らし（『山槐記』『玉葉』）、西八条殿に日本の最重要人物が全員集結した（前年の清盛のクーデターで鳥羽に幽閉された後白河院を除く)。高倉上皇の住居は「東第《ひがしてい》」と呼ばれ(『明月記』)、すぐ院御所として使用可能だったことから見て、前々から時子の管理する大邸宅があったと見られる。その西隣の、安徳天皇が暮らした「西町《にしまち》」(時子の八条亭)の南隣の区画(八条大路の北、壬生大路の東。今の六孫王神社の東隣)には、時子が造営した「光明心院《こうみょうしんいん》」という持仏堂(仏像の安置場所)があり、承安五年(一一七五)三月に行われた完成式典は、後白河院・建春門院・中宮平徳子・平盛子《もりこ》(清盛の娘で、故・摂政近衛基実《もとざね》の室)が臨席して盛大に行われた(『玉葉』)。

西八条殿は平時子の邸宅だった

このように、平時子は四町に及ぶ広大な敷地に、複数の大邸宅・持仏堂を持っていた。ところが、彼女の夫の清盛は、ある時期までそこに住んだ形跡がない。

仁安《にんあん》三年(一一六八)に清盛が重病で出家した時、後白河院は清盛を六波羅の家に見舞った。実はすでに、清盛が少なくとも翌仁安四年元日まで六波羅に住み、遅くとも同年三月二〇日までに摂津福原《ふくはら》の山荘に隠棲し、同年一一月二五日までに嫡男重盛《しげもり》が六波羅の主になった(『兵範記』)ことがわかっている(髙橋昌明―二〇〇七)。清盛の六波羅退去は、仁安四年元日〜三月の三ヶ月間のどこかである。

六波羅を出た清盛は、晩年まで摂津福原の山荘に隠居して本拠とした。その間、清盛が西八条殿に定住した形跡はなく、西八条殿は常に時子の邸宅として記録に現れた。清盛は、西八条殿を造っておきながら留守がちで、留守中に時子が女主《あるじ》となった、とする説があるが（『国史大辞典』「西八条殿」、『平安時代史事典』「西八条第」）、全くの誤解だ。すべての証拠が、西八条殿は最初から時子の邸宅として建てられたことを、指し示している。

清盛が初めて西八条殿に入ったのは、恐らく安元三年（一一七七）六月の、鹿ヶ谷《ししがたに》の変の時まで下る。清盛を斃《たお》す陰謀が露見したため、清盛は福原から上洛して「八条亭」に入り、主謀者とされた西光《さいこう》や藤原成親《なりちか》をそこに監禁した（『玉葉』）。この「八条亭」が西八条殿なので、それまでに西八条殿は、清盛不在のまま完成していたことになる。西八条殿の造営がいつだったたか、詳しいことはわからない。ただ、右の前年の安元二年一〇月、娘の徳子が、病中の時子を「八条亭」に見舞った記録がある（『顕広王記』）。その段階までに、時子は西八条殿に入居していた。しかし、三年前の承安《じょうあん》三年（一一七三）六月に時子が自分の持仏堂を供養した時には、「六波羅二位」と呼ばれており（『玉葉』）、まだ六波羅に住んでいたことがわかる。八条亭に移住したのは、その三年間のどこかだ。

しかも、その持仏堂を、供養の日の別の記録は「六波羅二位八条持仏堂」と記している（『吉記』）。時子が六波羅に住みながら、八条に持仏堂を設けたことを意味するのだろう。時子が六波羅から八条へと進出する過渡期と見られ、西八条殿の成立もその頃と考えてよい。最初に仏堂が造られ、それを中心に一門の集住地が開発されてゆく、という流れは、正盛の六波羅堂から平家の六波羅殿が整備されていった過程と、同じパターンだ。

時子の八条大宮泉亭の来歴と残された謎

時子は、持仏堂の北隣に住む前、持仏堂の東隣の「八条大宮の泉亭《いずみてい》」に住んでいた。そして時子が産んだと思われる清盛の娘・盛子も、同じ場所（八条の北、大宮の西）に住んでいた。時子から譲られたのだろう。治承《じしょう》三年（一一七九）の盛子の没後は、清盛が回収して「泉殿《いずみどの》」と呼ばれた（『兵範記』承安元年七月二一日条、仁安二年四月二六日条、『清獬眼抄』所引『後清録記』治承二年四月二四日条、『愚昧記』治承五年閏二月三日条）。

では、時子以前は誰の家だったのか。それは保延六年（一一四〇）頃に西行の歌集『残《ざん》集《しゅう》』に現れる、舅《しゅうと》の「忠盛の八条の泉」では、という指摘がある（髙橋昌明－一九九八）。

実は、水はけの悪い八条は泉だらけで、泉から庭に湧水を引いた「水閣《すいかく》（泉に面する建物、つまり泉亭)」がいくつもあった。藤原長実・美福門院親子の八条殿も「泉亭」「八条家の泉」と呼ばれ、ほかに音楽家の源政長《まさなが》の「八条の水閣」や、鳥羽院の近臣・藤原顕頼《あきより》の「八条大宮の水閣」もあった(『兵範記』仁平二年六月二七日条、『殿暦』天仁二年四月二〇日条、『為房卿記』嘉保二年八月二日条、『百練抄』大治三年五月一一日条)。

さらに後白河院や廷臣が「(西)八条の泉」でしばしば納涼した記録があるが、それは誰の邸宅にも属さない泉だったようだ。それらの水閣で、人々は禊《みそぎ》をし、湧水を汲んで涼んだ。八条付近は貴重な避暑地だったのだ(『玉葉』嘉応二年七月二二日条、『愚管記』仁安二年七月一一日条、同三年六月二九日条)。

右のうち、藤原顕頼の「八条大宮の水閣」は平時子・盛子の泉亭と同じ場所である(『台記』保延五年六月二七日条)。なぜ、その邸宅を時子が入手したのか。実は、顕頼はその家を大治《だいじ》三年(一一二八)に白河院に進上して「八条大宮御所」としていた(伏見宮旧蔵『上皇御移徙記』六月二七日条)。しかし、白河院はその年と翌年の夏に二度だけ訪れ、すぐに没してしまう。顕頼も、久安四年(一一四八)に、祖父為房《ためふさ》の堂がある九条高倉で没しているので、取り戻さなかったらしい(『百練抄』康治二年三月一六日条、『本朝世紀』久安四年正月一三日条、仁平三年二月一六日条)。顕頼と忠盛の間に、不動産を相続しそうな親族・姻戚関係がないことを考慮しても、次の流れが思い浮かぶ。八条大宮泉亭は白河院から鳥羽院に相続され、大治四年〜保延六年（一一二九〜一一四〇）の間に鳥羽院が寵臣の平忠盛に与え、忠盛の没後に清盛が相続し、清盛が妻の時子に分与した、と。

ただ、それだけでは、この泉亭が西八条殿という一大本拠地に発展した理由にならない。忠盛・清盛・重盛の三代の間、平家の本拠地は正盛の堂を中心に開発した六波羅であり続けたし、晩年の時子が住むまで、八条の泉亭は平家の中で宙に浮いていたのだから。しかも、西八条殿は平家の新本拠地となる前から、時子を中心に巨大化し始めていた。やはり、鍵は時子にある。時子は安元二年（一一七六）までに六波羅から八条に移り（前述）、持仏堂を中心に据えて仏道修行に専念した。問題は、なぜその場が八条であるべきか、だ。

平知信の八条堂と高棟流平氏の八条集住

ここで、当時の根本史料『兵範記《ひょうはんき》』が平信範《のぶのり》の日記であることが、大きな意味を持つ。

その平信範は、実は時子と極めて近い一族だ。彼らは清盛と同じ桓武平氏だが、実は、血縁関係はかなり遠い。清盛の属する平氏は、葛原《かずらはら》親王の孫高望《たかもち》王が平姓を賜《たまわ》ったのに始まるのに対して、信範・時子が属する平氏は、高望王の伯父高棟《たかむね》王が平姓を賜ったのに始まる。清盛と信範・時子の共通の祖先は葛原親王まで遡《さかのぼ》り（約一〇世代）、ほぼ他人というべき、遠い遠い親戚である。清盛を出した流れを高望流、信範・時子を出した流れを高棟流（堂上平氏《とうしようへいし》）と呼んで区別している。

「平家一門でなければ人でないも同然」（『平家物語』）と大言壮語したとされ、平家一門の思い上がりを代表させられている平時忠《ときただ》は、この高棟流であり、時子の兄弟である。そして、彼がいう「この一門」は時忠の父系の高棟流平氏ではなく、姉妹の時子が嫁いで一体化した清盛系の高望流平氏のことだ。彼はこの姻戚関係で、本来昇れるはずがない公卿となり、権大納言まで昇って「平大納言《へいだいなごん》」と呼ばれた。しかも、時忠の妹滋子（建春門院）は後白河院の寵愛を受けて高倉天皇を産み、姪（時子の娘）の徳子（建礼門院）が高倉天皇に嫁いで安徳天皇を儲けたため、時忠は後白河院政の外戚としても権勢を振るった。

その時忠・時子・滋子の父を時信《ときのぶ》といい、祖父を知信《とものぶ》という。その知信の子の一人こそ、『兵範記』を書いた平信範なのだった。つまり信範は、時忠・時子・滋子の父方の叔父である。その彼の日記『兵範記』には、彼の一族の私的な情報（行事や人間関係）が豊富に記されている。それはつまり、時子の実家の私的な情報の宝庫だということだ。

その観点から、もう一度時系列を保元の乱の直前まで巻き戻して、『兵範記』を洗い直してみた。すると、一つの手がかりが見つかる。仁平二年（一一五二）二月一八日、信範が「明日の遠忌《おんき》」を行うため「八条堂」に行った、という記事である。「遠忌」とは、故人の命日（祥月命日《しょうつきめいにち》）に成仏を願う追善仏事で、今でいう〝法事〟だ。

それが誰の「遠忌」かというと、翌日の日記に「先人の遠忌なり」とある。「先人」は〝今は亡き先代〟なので、これは信範の父知信の追善仏事である。四年後の久寿《きゅうじゅ》三年（一一五六）の知信の命日にも、「私の遠忌なり。八条堂に於《おい》て仏事を修《しゅう》す（家族＝父知信の命日なので八条堂で仏事を行った）」と信範は記録している。その堂は、八条の北、西洞院の西にあった「一間四面の堂舎（持仏堂）」で、仁安四年（一一六九）二月の段階で創建二八年目だったと信範は述べているので、康治《こうじ》元年（一一四二）からそこにあった。その場所は、ちょうど今の「都ホテル京都八条」の、八条通を挟んで向かい側のあたりだ。

さらに、久寿二年（一一五五）七月、藤原成隆《なりたか》という人に嫁いでいた姉を看病するため、信範が「八条」に向かった記事がある。彼女の夫の成隆は藤原頼長の外戚で、保元の乱で頼長に従って敗れたが、逃亡先の仁和寺近辺で出家して帰順の意を表明し、すぐに検非違使に投降した。彼は流罪となったが、一旦釈放されて自宅に帰った。その帰宅先が「八条の家」だったと、これも『兵範記』にある（保元元年七月一四日条）。つまり、「八条」の地には知信の持仏堂だけでなく、知信の娘が夫と暮らす家があった。いい換えれば、知信の持仏堂を中心に、八条には高棟流平氏の居住地が展開していたのだ。とすれば、その居住地の一部を、知信の孫の時子が相続し、そこに自分も持仏堂（光明心院）を建て、近隣に居住区となる西八条殿を建てた、という筋書きを想定するのが最も自然だろう。

そして、鹿ヶ谷の変で清盛が上洛を余儀なくされると、清盛は妻の住む西八条殿に入り、以後、何度か上洛するたびに京での本拠地として使い、晩年は長居して帰らず、図らずもそこで病死してしまった。そのため、西八条殿は清盛の私宅で、その土地は清盛の土地だと長く信じられてきた。しかし、実のところ、そこは妻の実家の土地だったわけだ。

天皇を抱え込んだ平家、平安京内での居住が必須に

実際、当時から清盛の家だと信じる者もいた。治承三年（一一七九）一二月、皇太子の言仁《ときひと》親王（安徳天皇）が移住した西八条殿を、「外祖父入道太政大臣（清盛）の八条亭〈八条坊門の南、櫛笥の西〉」と書いた記録があるのだ（『山槐記』）。この年から、西八条殿（時子の八条亭）を「清盛の八条亭」と記す記録が現れ始める。西八条殿が清盛の自宅扱いされたのは、あくまでも治承三年のクーデター以後、ということだ。ところが、翌治承

四年三月にもなお、この邸宅を「八条二品〈入道大相国（清盛）室（時子）〉亭」と書いた記録がある（『山槐記』）。西八条殿はあくまでも時子の所有物であって、やはり清盛は妻の家に長期滞在しているだけと見た方がよい。それはちょうど、天皇が里内裏を本拠地にして長期滞在しても、里内裏があくまで他人の持ち家であり続けたのと、同じことだ。

もっとも、延慶本『平家物語』によれば（二四七頁）、広大な西八条殿の西端の、八条大路の北、坊城小路の西に、清盛は妻の邸宅とは別に、一町四方の自分のための住居を建てていた。その最終段階までに、西八条殿の敷地内には、大小合わせて五〇棟を越える建物が建ち並んだという。平家一門が六波羅から移住した結果だろう。恐らく治承三年のクーデターと、その直後から言仁親王（安徳天皇）が西八条殿で清盛夫妻に養育され始めたことで、平家一門全体の本拠地が西八条殿に移転する流れが促されたのだろう（もっとも、清盛の弟頼盛は、元から持っていた八条院町の邸宅を捨てて合流した形跡がない）。

クーデターの四ヶ月前、清盛の長男重盛が没した。彼は、清盛の後を継いだ六波羅の主だった。その彼の死は、平家が六波羅を去って西八条に移る動機の一つになっただろう。

では、清盛たちが時子の西八条殿を拠点とする積極的な理由は何か。第一に、それは鴨川東岸の六波羅よりはるか西という立地にあるだろう。前述の通り、清盛は坊城小路の西に一町を占める滞在所を設けた。その西端は朱雀大路に面する。そして、京都と福原を結ぶ山陽道の起点は羅城門（跡）、つまり朱雀大路の南端だった。清盛が、そこから五〇〇mほどの朱雀大路沿いに滞在所を設けた動機に、福原とのアクセス重視があったことは間違いなかろう。

そして何より根本的なのは、〈皇太子や天皇の本拠地は必ず京中にあるべき〉という制約である。皇太子言仁を、そして治承四年（一一八〇）二月から安徳天皇となった彼を養育するのに、京外の六波羅は不適切だった。そこで六波羅に匹敵する拠点を構築可能な場所を探した時、物理的な広さや右に述べてきた事情から、最適な場所が西八条だった、と考えるのがよさそうだ（佐伯智広氏の御教示による）。

その決断を、一つの姻戚関係が後押しした可能性がある。時子も、その伯母（信範の姉）も、伯母の夫の藤原成隆も、八条に住んでいた。その成隆の妹が、実は平忠盛に嫁ぎ、大治三年（一一二八）に教盛《のりもり》（清盛の異母弟）を産んでいたのである。いい換えれば、平教盛の母は「八条の家」に住む藤原成隆の妹だった。その成隆は、前述の通り、保元の乱で流刑に処された。その時、彼は「八条の家」を失ったに違いない。そして、彼に「八条の家」を提供し、彼の死後にそれを所有すべき妻（信範の姉）は、乱の前年の九月に病死していた（『兵範記』）。そうして宙に浮いた「八条の家」の所有権が、成隆の妹を母とし、しかも保元の乱で勝者側にいた平教盛へと伝領された可能性は、高いと考えてよい。

前代未聞の朱雀大路での処刑——朱雀大路の〝京外〟化と西八条殿の立地

なお、安元三年（一一七七）のいわゆる〝鹿ヶ谷の陰謀〟事件で、清盛の敵として逮捕された院の近臣・西光《さいこう》は、朱雀大路で首を斬られた（『愚管抄』）。京の処刑場は、鴨川の川原をはじめとして、保元の乱の時のように平安京の外が基本だ。朱雀大路を処刑場に使う習慣は全く存在せず、平安京のメインストリートで人を斬首するなど前代未聞である。

清盛が京都最大の幹線道路で、つまり最大の繁華街で西光を斬り、天下の見せしめにしたと考えてはいけない。事実は逆だ。朱雀大路も、その西の右京も、平安時代を通じて人が使わなくなり、打ち捨てられていた（『平安京はいらなかった』）。「京中だが、朱雀大路ならいいか」と思えるほど、朱雀大路の扱いが下がり、（保元の乱の処刑のような）京外の処刑場と同等の場所と考えられたと見るべきだ。すでに平安後期には、京中の治安維持を担う検非違使が、職責が及ぶ地域を、南は七条までに限っていた。つまり七条より南は行政上、京中でない（といっても過言ではない）扱いを受けていた。その七条以南、しかも右京に接する八条朱雀など、処刑場に使って問題なかろう、と清盛は考えたのだろう。

そして、朱雀大路を処刑場に用いたのは便宜上の理由、つまり滞在中の八条亭の至近だったからと考えるのが自然だ。これは西八条殿の位置を推定する重要な情報で、「八条大路の北、坊城小路の西に一町四方の（つまり朱雀大路に面する）清盛宅があった」という『平家物語』を裏づけている。西八条殿全体が朱雀大路に接していたということだ。なお、清盛宅を「八条坊門第《てい》」と呼ぶ記録があるので、北方向へ二倍に拡大した可能性が高い（『百練抄』治承五年閏二月六日条）。

京都を利用しただけの源氏と京都を開発した平家

こうして見ると、六波羅と西八条を三世代かけて新興住宅街へと開発した平家は、初めて平安京・京都の都市域を開発したといえる武士だった、と総括できる。対抗馬だったはずの源氏には、そうした都市域の広域的な開発を手がけた形跡がない。源氏は京都の利用者にすぎなかったが、平家は京都の開発者だった。これこそ平安京・京都にとって、平家の台頭が持つ最大の意味だ。平家の台頭があって初めて、平安京・京都の都市域が、武士によって拡大される道が拓《ひら》かれたのである。

繰り返すが、六波羅は平安京内ではない。前述の通り、「京都」とは、平安京の左京北部を中心に、隣接する京外が新興住宅街・寺院街として開発され、全体として一つの都市として機能したものだ。したがって、平家の六波羅開発は、まさに「京都」の形成の重要な一部だった。それは、武士が「京都」形成に初めて寄与した画期といってよい。そしてその画期は、「京都」が生まれたその時と同時だった。ならば、「京都」を造った者（の不可欠の一部分）は武士だ、といって誤りないことになる。

加えて彼らは、左京南部の八条も開発して宅地化した。すでに八条院町の形成という形で鳥羽院政とその継承者（美福門院・八条院）が進めていた、平安京内の未利用地の有効活用を、平家の「京都」開発は一挙に推し進めたのである。しかも、八条院町はあくまで八条の東部に寄っており、左京から東へと開発を進めようとする平安期朝廷の方向性に沿っていた。しかし平家の場合、八条に沿って西へ、左京最西端の朱雀大路まで開発を進めた点が特異だ。平安京の人口密度の高い地域は、常に右京から、つまり朱雀大路から（東へ）遠ざかろうとするベクトルを持っていた。そうして、誰もが朱雀付近を顧みようとしない中で、平家だけが、その地域の本格的な開発に関心を持ったことの意義は大きい。

それは、先にも述べた通り、平家（清盛）の地方拠点が摂津の福原にあって、京都と西の方面のアクセスを清盛が重視した結果にほかなるまい。それは、平家（清盛一家）だけに特有の、特殊事情である（対照的に、一八九頁以下の源為義の発言に明らかな通り、源氏は常に東国へのアクセスを重視してきた）。しかも、平家が六波羅を出て西八条に重心を移した理由の一つが、前述の通り、安徳天皇の外戚となって天皇を京中で養育する必要に迫られたことにあるとすれば、それは平氏の朝廷掌握という、保元・平治の乱後に特有の政治的事情の産物にほかならない。

それらを総合すれば、西八条の開発は、武士が初めて朝廷の支配権を打ち立てた過程の産物、つまり「武者の世」の最初の到達点としての「京都」形成であり、それに先立つ六波羅の開発もまた、その嚆矢《こうし》として、同様の意義を持ったと結論できる。

第八章

〝殿下の乗合〟事件

——京都の生活を支配する武士の論理

路頭礼という礼節と〝殿下の乗合〟事件

平家が朝廷を支配したことは、朝廷と京都を取り巻く環境を大きく変えた。例えば、治承《じしよう》三年（一一七九）五月、検非違使別当の平時忠《ときただ》が、自宅の門前で強盗一二人の手首を切った（『山槐記』）。こうした厳罰の身体刑を、従来の朝廷は行わなかった。しかし、時忠は姉妹の夫の清盛に感化され、武断的な武士の論理・法慣習を、検非違使という朝廷の警察機関に流入させ、その運営方針を根本から変えたようだ。それにとどまらず、京都で暮らす人々の社会慣習そのものを、武士の武断的な論理と慣習は、大きく揺さぶってゆく。

仁安《にんあん》三年（一一六八）に清盛が出家して福原に隠棲すると、長男重盛が家督として六波羅の主となり、京都で平家一門を率いた。その年の暮れに、重盛は病気療養のため権大納言を辞任したが、嘉応《かおう》二年（一一七〇）四月に復職する。その三ヶ月後の七月、重盛はその元気を証明した。むしろ元気すぎ、都人を震え上がらせる事件を起こした。〝殿下《てんが》の乗合《のりあい》事件〟である。殿下とは摂関の尊称で、ことの発端は、摂政松殿基房《まつどのもとふさ》（藤原忠通の子）の行列と、重盛の次男資盛《すけもり》の行列が、夜分に京中で出くわしたことだった。

それがなぜ大事件になるのか。それは、基房側が交通マナー違反を犯し、重盛側が激昂《げつこう》したからだ。たかがそんなことで、と思われるかもしれないが、交通マナーは身分制社会を保つ重要な装置として機能しており、交通マナー違反は社会への挑戦に等しかった。そして、そこに「武者の世」という荒くれ者の論理が絡むと、救いがたい闘争になった。

ここで事件を理解するために、当時の交通マナーを押さえておこう(桃崎―二〇〇五)。

京都では、乗物で移動中に人と遭遇した場合、互いの身分によって、相手に敬意を払う所作をする義務があった。そうした礼節を「路頭礼《ろとうれい》」という。路頭礼の根拠は法律ではなく、社会慣行にすぎない。しかし、遅くとも一〇世紀半ばの儀式書『西宮記《さいきゅうき》』には路頭礼の記述があり、二世紀以上をかけて既成事実化し、強固な慣習となった。路頭礼は古代中国の律令や礼に淵源を持つが、それは乗馬中の礼節だった。わが国では上流階級が牛車を多用したので、中国にない乗車中の礼節体系を独自に構築したのである。

すべての礼節がそうだが、路頭礼の原理も〈卑しい方が尊い方のために譲る〉という一点に尽きる。ただし、互いに身分的距離が隔たるほど、厚礼《こうれい》(丁寧な作法)を求められた。路頭礼の場合、〝より厚礼を取る〟とは、〝相手のために自分がより多くの手間をかけ、より長く待ち、より地面に近づき、より我慢すること〟だ。

身分が低い側から見て、相手との身分的距離が最も近い場合は、「車を扣《ひか》える」だけでよい。それは、道端に寄ったり脇道に入って停車し、相手の通過を待つだけの所作である。

相手がそれより尊ければ、さらに「駕《が》を税《と》く」。「車を扣え」た上で、牛車から牛を外す所作である。それは、「しばらく車を進める気がない」という意思表示であり、「車を扣え」るのが短時間の〝停車〟なら、「駕を税く」のはしばらくそこを動かない〝駐車〟だ。「あなたのためにいくらでも待ちますから、ごゆっくりお通り下さい」という意思表示である。

さらに相手が尊い場合は、「榻《しじ》を置く」。榻とは、牛車の乗り下りに使う、携帯可能な踏み台である。牛車の乗降口に榻を置き、その上に沓《くつ》を置く所作によって、「いくらでも待ちますし、何なら沓を履いて車から降りて、あなたを仰ぎ見ましょう」という意思表示である。ただし、実際には下りない。下りる素振りを見せることで、「下りるに吝《やぶさ》かでないほど、あなたに敬意を抱いています」というメッセージを発しているのである。

相手がさらに尊ければ、沓を履いて本当に車を下りる。それが「下車」の礼である。さらに相手が尊ければ、下車した上で「蹲居《そんきょ》」する。蹲居とは、腰を落とし、片膝を地に着く姿勢である。姿勢を低くし、頭の位置を下げる所作は、もちろん相手への敬意表現であり、いわゆる「頭が高い」の正反対の所作だ。さらに、相手が最も尊い場合は、下車して蹲居した上で「平伏《へいふく》」する。平伏とは、上半身を四五度ほど傾けた姿勢である。真っ平らに「平伏《ひれふ》す」わけではないが、要するにお辞儀の姿勢であり、頭の位置が限りなく地面に近くなる。これが路頭礼として取り得る、最大の敬譲の所作である。

どの所作を取るべきかは、双方の位階・官職や、殿上人《てんじょうびと》（天皇の住居＝内裏の清涼殿に昇れる特権階級）か否かで決まった。相手が大臣の場合、自分が大臣・大納言・中納言なら「車を扣える」（席次の低い方が先に行う）、参議なら「駕を税く」、大弁《だいべん》（弁官《べんかん》の長官）を兼ねる参議はやや格下なので「駕を税いて榻を置く」、蔵人頭《くろうどのとう》・大弁（参議を兼ねない）や五位の蔵人なら「駕を税く」、中弁・少弁（弁官の次席・三番目）なら「下車」、殿上人でも四位《しい》なら「駕を税く」、五位なら「下車」、五位の「史《し》」（太政官の末端で文書の作成管理を掌る官職）なら「下車平伏」、といった具合だ。

《礼》の原則と礼節の現場――せめぎ合う自意識と武力抗争

ただ、路頭礼は法的拘束力を持つ制度ではないから、右の原則は参考にすぎない。『西宮記』（臨時五）にも、「礼法《れいほう》、定《さだ》むる所無し。便宜《びんぎ》に随《したが》ひ耻《はじ》を免《まぬか》るるを思ふべし（法ではないので、時と場合で柔軟に振る舞うのが恥をかかないコツだ）」と書かれたほどだ。

右の原則で路頭礼を割り切れないのは、〝尊さ〟の基準が位階・官職だけではないからである。そもそも路頭礼という発想は、古代中国の儒教の根幹的な価値観である《礼》思想の産物だった。その思想では、万物は因果関係と先後関係に縛られ、派生したものより元のものが、先にあるものが後に来たものより尊い、という原理がある（一〇四頁）。

その原理は、わが国のあらゆる礼節を左右した。そして、兄が弟より尊いなら、氏族の嫡流は庶流より尊く、氏族の中では天皇家が最も尊く、天皇の祖先神＝天照大神《あまてらすおおかみ》の事業を最も補佐した天児屋根《あめのこやね》の子孫・藤原氏がその次に尊い。そこで、臣下では摂関家が最も尊く、その血統に相応の配慮を払うべき、という結論になった。

その結果、路頭礼などの礼節の体系では、前述の位階・官職に基づく規定をベースに、親子・兄弟関係や血統の良し悪しが加味されるべき、という暗黙の了解が成立した。

それらは、法に定められず、そもそも詳細に明文化されない。なぜなら、それらは法に定めることではない、と朝廷が確信していたからだ。《礼》思想では、人間の行動は、世界の摂理である《礼》に基づいて理性的・自発的に制御されるべきで、《法》とは、そうした理性を磨く機会と能力がない民が、半ば動物的本能で犯してしまう罪を、刑に対する動物的な恐怖で制御する、一種の必要悪と考えられた。上流階級の《礼》を細々《こまごま》と明文化することと自体が、《礼》を実践できていない証拠であり、だから鎌倉後期に亀山《かめやま》上皇が『弘安礼節《こうあんれいせつ》』を定めるまで、公定の礼節はなかった。

では、『弘安礼節』はなぜ定められたのか。それは当時、摂関家ら上流貴族が「血統のよさに配慮せよ」と譲らず、院政に密着して摂関家から独立した中流貴族がそれを拒み、たび重なる紛争が目に余ったからだ。それはやむを得ず定めた、例外的な必要悪である。礼節を明文化・法定しない原則があるため、取るべき所作は、究極的にはその場その場での配慮で決まる。それは所詮、身分が低い側の忖度《そんたく》であり、そして忖度に絶対の正解があるわけがない。だから、〈AはBにどの程度の敬意を払うべきか〉の認識が当事者A・Bの間で嚙《か》み合わないことは珍しくなく、そうなると礼節の場は緊張を孕《はら》んだ自意識のせめぎ合いになる。「自分は摂関の子だ／天皇の外戚だ／院の近臣だ」などの形で一方の特権意識が特別高く、もう一方がそれを歯牙にもかけない場合、衝突になる。そして路頭礼の場合は、その場で当事者同士が口論を始めるため、文字通りの衝突になった。

例えば、鎌倉末期の延慶《えんぎよう》四年（一三一一）三月、後伏《ごふしみ》見上皇と右大臣二条道平《みちひら》の牛車が行き合った時、上皇に随行する北面（側近の下級廷臣）が下馬せずに通過しようとしたため、右大臣側の従者たちが「無礼なので引きずり下ろしてやる」と脅し、北面たちが下馬した出来事があった（『新院姫宮御行始記』）。上皇の従者だからといって右大臣に無礼を働いてよいわけではない、と右大臣側は考えたのであり、「無礼を通すなら力づくで排除する」と公言して憚《はばか》らない点に、路頭礼トラブル特有の危うさがある。

右の件では上皇の従者が威嚇に屈して下馬したので事なきを得たが、一四年後の正中《しょうちゅう》二年（一三二五）九月には事件が起こった。後伏見上皇と行き合った騎馬の者が、上皇の従者に叱られて下馬を強いられたが、上皇の行列が通り過ぎる前に再度乗馬して反抗した。そこで上皇側の北面らが「引き落とすぞ」と脅すと、乗馬の彼は抜刀して、「来るなら来い」と応じ、乱闘になった。多勢に無勢で、彼は北面の手で馬から引き落とされ太刀を奪われたが、別の刀を抜いて「刃傷」しようと息巻いたので、北面の下人が弓をひき絞って威嚇し、男はようやく逃亡した（『花園天皇宸記』）。「武者の世」には、路頭礼トラブルはこうして簡単に、太刀や弓矢で殺傷し合う戦闘に発展した。武士は気が短くて喧嘩っ早い上、「武者の世」を謳歌し、上皇の行列にさえ刀を抜くという風潮が蔓延していたからだ。

藤原頼長と平信兼の闘乱――向上する武士の自尊心

その傾向は、まさに慈円が「武者の世」の始まりと指摘した保元の乱の前年、久寿《きゅうじゅ》二年（一一五五）二月には、露骨に現れていた。京中で行き合った左大臣の藤原頼長《よりなが》と左衛門尉の平信兼《のぶかね》が、路頭礼トラブルで何人もの死者を出したのである。この時、信兼は下車して付近の木の下に蹲居《そんきょ》したが、頼長の従者は信兼を咎《とが》め、信兼と彼の車を打擲《ちょうちゃく》した。信兼は恥辱に怒り、弓矢で反撃して、たちまち頼長側の従者数人を射殺した。頼長は逃げ帰り、事態を鳥羽院に報告した結果、信兼は咎められ解官《げかん》（罷免）された（『兵範記』）。

それにしても、〝下車して蹲居〟の礼を取る信兼を、なぜ頼長の従者は責め、暴行するという暴挙に及んだのか。実は、〝下車して蹲居〟では足りなかったからだ。先に挙げた当時の路頭礼によれば、左大臣の頼長に対して、六位の左衛門尉だった信兼は、〝下車して蹲居〟よりも厚礼の〝下車して平伏〟をすべきだった。信兼がそれを怠り、蹲居で済まそうとする態度に頼長の従者は我慢ならず、暴行に及んだのである。

では、信兼が〝下車して平伏〟しなかったのは、路頭礼に無知だったからか。そうではあるまい。複数の記録から、信兼の活動拠点はずっと京にあったことが明らかだ。朝廷の末端にいて長く京で暮らしながら、その程度の路頭礼を知らないはずがない。信兼は路頭礼の常識を知りながら、頼長を侮《あなど》り、あえて薄礼《はくれい》の〝下車して蹲居〟で済ませたのだ。

信兼は、頼長自身が信じたよりも、自分と頼長の身分的距離は近いと信じた。それは、左大臣頼長の地位を低く見たのではない。自分の地位が、相手が信じるより高いと信じたのである。これこそ、京都に「武者の世」が到来したことの意味だ。同じ頃に没した平忠盛が刑部卿に昇り、昇殿まで許されたように、半世紀以上の院政期を経て、武士の地位は格段に上がった。治天《ちてん》（院政を敷く上皇）の白河院や鳥羽院が、引き上げてきたのだ。信兼にはその自意識が強く、左大臣を侮った。一方、頼長の従者らも武士を甘く見て、常識を守らせられると信じた。それは武士の自尊心を傷つけ、何人も死傷する犠牲を出した。もはや、武士は卑屈でないし、無理押しすれば躊躇《ちゅうちょ》なく暴力で我を通す。それを朝廷・貴族社会は思い知らされた。「武者の世」の到来とは、そういうことなのだった。

保元・平治の乱より前の、平氏の傍流の信兼でさえこれである。それが、保元の乱で武士が政治の主役になり、平治の乱で武士が朝廷の柱石として確立し、しかもその地位を平家（平氏の主流）が独占した段階ともなれば、平家の人々の自意識がどれほど高かったか、想像するに余りある。まして、清盛が恐らく白河院の落胤だと信じられ、太政大臣まで昇って位人臣を極め、朝廷最大の権力者として君臨する地位を手に入れた段階で、その子や孫がどれだけ高い自意識を持ち、自分の一家が特別だと信じたかは、想像を絶する。

〝殿下の乗合〟事件――摂政松殿基房、平資盛の車を襲う

その極端に高い自意識（特権意識）を、重盛の子の資盛も持っていたようだ。彼は次男

だが、殿下の乗合事件を起こした嘉応二年(一一七〇)七月の段階で「重盛卿の嫡男」だったと、九条兼実《くじょうかねざね》(摂政松殿基房の異母弟)の日記『玉葉《ぎょくよう》』に明記されている。後に重盛の後継者は長男(資盛の異母兄)維盛《これもり》になったが、この段階では資盛が嫡男だった。未来の平家一門の長として将来彼が手にする途方もない権力を思えば、彼が途方もない自意識の高さを持ち、摂関家など歯牙にもかけなかったことは、想像に難くない。

摂政の松殿基房は不運にも、その資盛と遭遇してしまった。基房には、資盛を侮辱する気は毛頭なかった。先の『玉葉』によれば、資盛は遊びで女房(女官)用の牛車に乗っていた。これでは、誰も資盛だと認識できない。もし見た目が資盛の車だと明らかなら、誰も喧嘩を売るはずがない。しかし資盛は〝謎の女性の牛車〟という外見で、資盛として振る舞った。この外見と中身のミスマッチが災厄《さいやく》を招いた。非は明らかに資盛側にある。

基房の従者らは、女房の分際で摂政に対して尊大だ、と見咎めたのだろう。資盛の車を襲って「打ち破」った。そこで彼らは、車の中に資盛の顔を見た。身分を隠した資盛に非があるとはいえ、基房は平清盛の嫡孫を襲い、恥辱を与えてしまった。基房は青くなった。

彼はすぐに、使者を資盛の父重盛に送った。実行犯を引き渡し、「法に任せて勘当《かんどう》せらるべし(法慣習に従って、存分に制裁して下さい)」と伝えるためだ。「私には悪気はなく、過ちを犯した従者は処分する」という意思表示で、それが最大限に払える配慮だった。

ところが、重盛は下手人の身柄を送り返した。それは寛大さの表明ではない。「そんな下っ端を叩いて満足できるか」という抗議で、謝罪は受け入れられなかったのである。

二日後、世間は皆、「乗逢《のりあい》（乗合）事件に重盛は心底不満だ」と噂をしていた。「乗合」とは、乗物に乗った者同士が出会い、「譲れ」「譲らぬ」で争うことをいう（その意味で、「乗逢」と書く方が適切だ）。

基房は震え上がり、重盛の報復を回避したい一心で、即刻、下手人を処分した。下手人は、近衛府から摂政の護衛に派遣されていた「随身《ずいじん》」と、主人の車の前を進んで露払いする家人《けにん》（従者）の「前駈《ぜんく》」、そして身分が低い舎人《とねり》（雑用係）・居飼《いかい》（牛の世話係）だった。随身と前駈の計七人は「勘当（制裁）」され（恐らく放逐・謹慎処分）、舎人と居飼は犯罪者として検非違使に引き渡された。率先して自ら重い処分を下し、「部下が勝手にやったこと」という、いつの時代にも偉い人の口から語られる言い訳を、基房は貫いた。

平重盛の報復——摂政さえ武士に報復される時代

それは真実だったが、基房自身が決して詫びを入れなかったことが致命的だった。それは、基房の慢心のせいではない。「摂政は天子に代《か》はりて政《まつりごと》を行《おこな》ふの職《しき》なり」といわれたように、摂政は天皇の代行者であり、つまり〝ほぼ天皇〟だ（『吉記』文治元年一二月二七日条）。その立場上、大納言の重盛にも、まして五位の越前守《えちぜんのかみ》にすぎなかった資盛にも、頭を下げに行ってはならない。基房は謝罪したくても、立場が許さなかった。なまじ摂政という立場が、彼の行動を縛って追い詰めたのだから、身分制社会の皮肉というほかない。

下手人を処分しても、重盛は「水に流します」といわない。基房はしばらく、戦々恐々と過ごした。特に、外出時は恐怖の極みだ。事件から一〇日ほど後、基房は自宅の閑院《かんいん》（二条大路の南、西洞院大路の西）という邸宅から、祖先道長が建てた法成寺《ほうじょうじ》（東京極《ひがしきょうごく》大路の東、近衛大路の北）へ向かった。正確にいえば、向かおうとした。ところが、通り道の二条大路・東京極大路の交差点付近に、「武士」が「群集」していた。基房を待ち伏せし、前駈の人々を捕獲する支度をしているという。重盛は「乗逢の意趣（恨み）」を晴らそうと、あくまでも報復を狙っていたのである。基房は恐慌に駆られ、出行を中止した。

基房は外出できなくなった。しかし、摂政がそれでは朝廷の行政が止まる。しかもこの頃、一〇歳になった高倉天皇の元服の準備のため、どうしても摂政を交えた会議が必要だった。事件から三ヶ月後の一〇月、会議は開催され、基房は出席しに行った。ほとぼりが冷めたと思ったのか、それとも襲撃を予見しながら外出せねばならない自分の地位を呪っていたのかは、よくわからない。確かなのは、起こるべきことが起こった、ということだ。内裏に向かう途中、大炊御門・堀川の交差点あたりで、多数の武士が現れ、前駆を全員馬から引きずり落とした。恐怖に駆られた基房一行は這々《ほうほう》の体《てい》で、自宅に引き返してしまった。摂政が不参加では会議は開催不可能と判断され、延期された。

繰り返すが、摂政は〝ほぼ天皇〟だ。その摂政をつけ狙い、躊躇なく襲う武士の行動様式は、驚天動地だった。もはや誰であれ、この国では絶対に武士を怒らせてはならず、怒らせれば露骨な暴力に晒される時代になった。それが〝殿下の乗合〟事件の意味だった。

広報活動としての報復、マスメディアとしての京都

もっとも、重盛一家の報復は、実は周到な自制心で制御されていた。彼らは前駆を馬から引き落としただけで、死傷させていないし、基房自身に手を触れていない。左大臣頼長の従者を何人も殺した一五年前の平信兼より、はるかに重盛は理性的だった。理性が消し飛んでいる現代の〝煽《あお》り運転〟は獣レベルだが、重盛は人間の理性を保っていた。そして、そこまで理性が働くのに報復自体を思い止まらない点に、武士の譲れない一線があった。

武士は、恥を最も嫌う。それは前近代を通して変わらず、恐らく明治維新まで保たれた、武士の核心となる心性だった。そのため、武士は恥をかかないよう、注意して暮らしている。それでも不可抗力的に、他人のせいで辱めを受けることがある。武士は、自分にとって最も重要な廉恥心を、他人がやすやすと踏みにじって汚すことを、何より憎む。

人前でかいた恥は、なかったことにできない。それでも恥を雪《すす》ぐ（浄化する）には、報復するしかない。相手に同等の恥を与えて互いに〝貸し借り〟がないバランス状態を取り戻すためと、「必ず報復する」と思い知らせて再発を防ぐためである。報復せねば、摂関家や公家社会や武士たちが平家を甘く見るので、重盛は報復するしかなかった。しかも、雪辱のためなら、天皇元服の日程など躊躇なく犠牲にし、天皇その人に迷惑をかけても顧みない。その姿勢を示すことが、「絶対に報復を逃れられない」と伝える唯一の術だった。

報復の三日後、基房と重盛は同時に参内した。報復で重盛の気が晴れ、関係が修復されたというメッセージだ。ただし「武者甚《はなは》だ多《おお》し」、つまり重盛は通常の参内ではあり得ない、多数の武士を連れてきた。それは、「平家に恥辱を与えることは、この武士全員を敵に回すことを意味するから、気をつけろ」という示威のメッセージなのだった。

それにしても、重盛の自制心は実に興味深い。重盛は相手を死傷させず、過剰防衛せず、対等な恥だけをきっちり与えて終わらせた。こうした行動様式は、実は〝殿上の闇討ち〟事件の忠盛と酷似する（二九頁）。舐《な》められない程度に凄んで「襲うなら容赦なく報復する」というメッセージを明確に伝え、しかも相手を実際には傷つけないという点で、だ。報復心を制御する、この絶妙のバランス感覚こそ、武士として朝廷上層部に食い込んだ平家の、ほかの武士にはない最大の武器、つまり〝社会性〟そのものといえるだろう。

重盛が基房の家を襲わず、あえて基房の外出時に道中で襲ったのも重要だ。重盛は、摂政の威厳を最もわかりやすく視覚的に示す行列を襲って逃げ惑わせる、という象徴的行為を、多数の都人が目撃する京都の路上で行った。それにより、重盛は前述のメッセージを、不特定多数に向けて発信した。厳《おごそ》かで絢爛《けんらん》豪華な行列を組んで道行くことも、それを台しにすることも、〈自分が何者か《アイデンティティ》〉を視覚的に伝える広報活動なのだった。京都の街路は、そのためのマスメディアとして、ますます重要になっていったのである。

おわりに――平家が完成させ平家が破滅させる京都

平安京が造られた当初、武士はいなかった。しかし、滝口武士を設置して都を群盗から守ろうとして以来、平安京は武士なくして存続できなくなった。そして院政が始まった時、つまり平安京が「京都」に脱皮した時、武士はそのまま京都の骨格の一部となった。以後、明治維新まで、有力な武士が京都の一部を構成しなかった時はない。平安時代の源氏・平氏は本書で見てきた通りであるし、鎌倉幕府は六波羅探題《ろくはらたんだい》を設置して京都の治安を守らせ、西国の武士を統轄させた。室町幕府に至っては本拠地を京都に置き、三代将軍の足利義満《よしみつ》は朝廷と融合してしまい、それ以降、将軍・幕府抜きの京都など考えられない時代をもたらした（詳しくは旧著『室町の覇者　足利義満』参照）。室町幕府が衰退しても、地方出身の三好《みよし》氏や織田信長が京都を押さえた。京都の治安や行政を任せるために信長が置いた京都所司代《しょしだい》は、豊臣秀吉政権や江戸幕府にも引き継がれ、江戸幕府は京都町奉行を置いて支配を強め、最後には京都守護職を設けて会津《あいづ》藩兵を常駐させた。

その間、何と千年に及ぶ。それほど長く京都とともにあった武士が、京都にとって異物であるはずがない。それなのに異物のように見えるのは、価値観が違う武士を朝廷（廷臣）が異物だと信じ続けようと努力し、そして現代で、京都の歴史の多くがその朝廷（廷臣）の記録によって復元されているからにすぎまい。さらにいえば、京都の二条城で大政奉還を行わせ、天皇が京都を武士から取り戻したことにした近代日本のイデオロギーの残《ざん》滓《し》にすぎない。史料の偏《かたよ》りや近代日本のプロパガンダに騙されてはいけない。

史実を直視すれば、「京都」とは、既存の平安京（の残骸）と武士を、院政という仕組みに適応するよう組み替え、外部装置（白河・鳥羽）を接続した結果生まれた、〝院政仕様〟の新しい都だった。そうした構造を最も単純に要約すれば、次のようにいえるだろう。

（平安京＋武士）×院政＝京都

と。そうして生まれた「京都」は、院政に寄生して成長しきった平家が、清盛の時、治承三年（一一七九）のクーデターで院政から独立したことによって、武士が最高権力を握る〝武家政権仕様〟の都になった。正盛の代に、院政の開始とともに始まった平家の勢力拡大と京都の新たな部品（六波羅・西八条）の造営が、清盛の代に完成を迎えたことをもってしても、〝武家政権仕様〟の都は、京都が迎えた最初の完成形だったといってよい。

白河・鳥羽院政期に、白河・鳥羽・六波羅を開発して誕生した京都をver《バージョン》・1とすれば、清盛・後白河が西八条殿と法住寺殿を増設して拡張した京都は、アップグレード版の京都ver・2といえるだろう。このアップグレードこそ、「武者の世」の到来の成果であり、それは清盛が白河院の落胤だと認知されて頂点に立った結果である。その意味で、京都ver・1は白河院政の確立過程そのもの、京都ver・2は白河院政の生んだ諸々が必然的に収斂《しゅうれん》した結末であり、白河院政の落とし前・総決算ということができる。

面白いことに、この完成形は、根本的な矛盾を抱えていた。平安京か京都かを問わず、都は天皇の宮殿の所在地であることにこそ、根源的な存在意義がある。天皇と都は、絶対に切っても切れない。その天皇と院政は一体なので、院政も、都と切っても切れない。

しかし、日本の最高権力者が院でなく武士になったのなら、もはやその権力者が都にこだわる理由はなくなる。平家が京都の完成に貢献したのも、根本的には、院政に媚びた結果であって、院に媚びる必要がなくなれば必要不可欠でなくなる。その結果、皮肉にも、京都を完成に導いた平家によって、京都はいとも簡単に捨て去られることになる。クーデターの翌年に清盛が断行した、いわゆる〝福原遷都〟は、その結末なのだった。武士は京都の不可欠の一部なので、武士が京都を捨てる時、京都も崩壊の危機に瀕するのである。

清盛の段階の京都を完成形だというのには、理由がある。清盛の最盛期に、京都は発展の一つの極大点を迎え、そこから崩壊に転じ、ほんの数年で壊滅してしまうからだ。最初は、左京北部の大部分を焼き尽くした〝安元《あんげん》の大火〟だった。その三年後の治承四年の福原遷都で〝唯一の都〟という地位を失い、辻風《つじかぜ》という突風（竜巻の類）が吹き荒れて復興中の京都の家々をなぎ倒し、さらに死者を増やした。そして同じ年に源平合戦が始まり、京都は戦時態勢へ突入してゆく。翌年の養和《ようわ》元年（一一八一）からは二年間、猛威を振るった養和の飢饉に直撃され、年貢が上ってこなくなって数万人の餓死者を出した。その飢饉が収まらないうちに、平家を都落ちさせた木曾《きそ》（源）義仲《よしなか》軍が京都を占領し、腹を減らした彼らが略奪の限りを尽くした。義仲や平家が滅んだ後も、源頼朝と対立した源義経《よしつね》によって後白河法皇は拉致されかかり、京都は捨てられそうになった。そして、とどめに〝元暦《げんりやく》の大地震〟という史上最大級の地震が直撃して、京都の街並みは文字通り崩壊した。

こうして、ほんの数年の間に、京都は史上最大級の大災害に何度も見舞われ、ほとんど焼け野原のようになってゆく。そして平家が滅び、鎌倉幕府の時代が到来した時、鎌倉幕府はまず、この京都の残骸を復興させることから始めなければならなかった。そして以後、明治維新まで、内裏の再建・維持は幕府の仕事になる。天皇の都に内裏は不可欠であり、内裏なくして京都はない。その内裏の維持を幕府が担ったのなら、やはり京都は幕府（武士）なくして存続できないのであり、幕府は京都の不可欠の一部であり続けた。

そうして一生懸命、幕府が維持した内裏に火を放ち、焼き捨てた者が中世に何人かいる。一体どこの不届き者が、と驚かれるだろう。答えも驚愕に値する。何と、犯人は天皇たちだった。京都の観光地でもマスコミでも、〈京都を守った天皇と、京都を荒らした武士〉というイメージばかり語られるが、真実は逆だ。武士が京都を守り、天皇が京都を荒らしてきた。特に、天皇が自分の都合で内裏を焼き捨てた事実は、これまでほとんど気づかれなかった。そして、ごく一部の歴史家は恐らく気づいていながら隠蔽し、歴史学界は欺かれ続けてきた。本書のその後というべきそれらの話は、機会を改めて紹介する用意がある。

＊

末筆ながら、本書に付き合って下さった読者諸氏、前著『武士の起源を解きあかす』に注目して本書執筆の機会を与えて下さった波多野文平氏・水上奥人氏をはじめ文藝春秋の皆様、そして公私にわたり筆者と本書を支えて下さったすべての皆様に、深甚の謝意を捧げたい。また、本書に載せた地図の多くは、山田邦和氏の研究書に拠っている。本書の趣旨に最適な図を考える中で、ベースの図として、どうしても山田氏の図より優れた図が思い浮かばなかった。山田氏には転載・加工のご快諾から格別のご厚誼まで頂き、最も有意義な図を掲載できた。特筆して篤く御礼申し上げます。本書の京都論は、氏をはじめ、京都の平安京・京都研究集会で学ばせて頂いたことに多く拠っている。その一端として、参考文献に山田氏著の歴史観光ガイドブックを挙げておいた（山田邦和二〇一七）。「七条」は断固として「ひちじょう」と読むべきだ、等々、生粋の京都人（上京《かみぎょう》人）考古（歴史）学者にしか指摘できない刺激に満ちたその本と、できれば本書を手に、ぜひ現地を訪ねて京都を再発見して頂きたい。

※本書はＪＳＰＳ科研費ＪＰ１６Ｋ１６９１１の助成を受けた研究成果の一部である。

参考文献

※本書は既存の武士（源氏・平家）研究や平安京・京都研究、都市論研究の重厚な蓄積を参照して書かれたが、一点（山田邦和二〇一七）を除き、参考文献には本書の論旨が直接依存するものだけを挙げる。

江馬務ほか訳『大航海時代叢書Ⅸ・Ⅹ　日本教会史　上・下』（岩波書店、一九六七・一九七〇年）

大村拓生「鳥羽と鳥羽殿」（『中世京都首都論』、吉川弘文館、二〇〇六年、初出二〇〇〇年）

金子拓『織田信長〈天下人〉の実像』（講談社現代新書、二〇一四年）

川本重雄「続法住寺殿の研究」（髙橋昌明編『平安京・京都研究叢書1　院政期の内裏・大内裏・院御所』、文理閣、二〇〇六年）

神田千里『織田信長』（ちくま新書、二〇一四年）

京都市編『史料　京都の歴史』（平凡社、一九七九〜一九九四年）

佐伯智広「二条親政の成立」（『中世前期の政治構造と王家』、東京大学出版会、二〇一五年、初出二〇〇四年）

下坂守『京を支配する山法師たち——中世延暦寺の富と力』（吉川弘文館、二〇一一年）

髙橋昌明『［増補改訂］清盛以前——伊勢平氏の興隆』（平凡社、二〇一一年、初出一九八四年）

髙橋昌明「平家の館について——六波羅・西八条・九条の末」（『平家と六波羅幕府』、東京大学出版会、二〇一三年、初出一九九八年）

髙橋昌明編『平安京・京都研究叢書1　院政期の内裏・大内裏と院御所』（文理閣、二〇〇六年）

髙橋昌明『平清盛　福原の夢』（講談社、二〇〇七年）
瀧浪貞子「初期平安京の構造――第一次平安京と第二次平安京」（『京都市歴史資料館紀要』一、一九八四年）
詫間直樹『皇居行幸年表』（続群書類従完成会、一九九七年）
角田文衞総監修、財団法人古代学協会・古代学研究所編集『平安京提要』（角川書店、一九九四年）
東野治之「日記にみる藤原頼長の男色関係――王朝貴族のウィタ・セクスアリス」（『ヒストリア』八四、一九七九年）
栃木孝惟ほか校注『新古典文学大系43　保元物語　平治物語　承久記』（岩波書店、一九九二年）
中澤克昭『肉食の社会史』（山川出版社、二〇一八年）
長村祥知「治承・寿永内乱期の在京武士」（『立命館文学』六二四、二〇一二年）
丹生谷哲一「検非違使とキヨメ」（『［増補］検非違使――中世のけがれと権力』、平凡社ライブラリー、二〇〇八年、初出一九八〇年）
野口実「「京武者」の東国進出とその本拠地について――大井・品川氏と北条氏を中心に」（『京都女子大学宗教・文化研究所　研究紀要』一九、二〇〇六年）
古澤直人『中世初期の〈謀叛〉と平治の乱』（吉川弘文館、二〇一八年）
松田毅一・川崎桃太訳『完訳フロイス日本史1～12』（中公文庫、二〇〇〇年）
美川圭『白河法皇――中世をひらいた帝王』（角川ソフィア文庫、二〇一三年、初出二〇〇三年）
美川圭「院政期の京都と白河・鳥羽」（西山良平・鈴木久男編『古代の都3　恒久の都　平安京』、吉川弘文館、二〇一〇年）

村井康彦編『よみがえる平安京』（淡交社、一九九五年）
元木泰雄『武士の成立』（吉川弘文館、一九九四年）
桃崎有一郎『平安京はいらなかった――古代の夢を喰らう中世――』（吉川弘文館、二〇一六年）
桃崎有一郎『武士の起源を解きあかす――混血する古代、創発される中世』（筑摩書房、二〇一八年）
桃崎有一郎「中世公家社会における路頭礼秩序――成立・沿革・所作」（『中世京都の空間構造と礼節体系』、思文閣出版、二〇一〇年、初出二〇〇五年）
桃崎有一郎「中世後期身分秩序における天皇と上皇・室町殿――身分尺度としての陣中・洛中の分析から」（同前書、初出二〇〇八年）
桃崎有一郎『室町の覇者　足利義満――朝廷と幕府はいかに統一されたか』（ちくま新書、二〇二〇年）
山田邦和『京都都市史の研究』（吉川弘文館、二〇〇九年）
山田邦和『平安京・京都研究叢書2　日本中世の首都と王権都市――京都・嵯峨・福原』（文理閣、二〇一二年）
山田邦和『京都　知られざる歴史体験　上・下』（新泉社、二〇一七年）
山本雅和「都の変貌」（西山良平・鈴木久男編『古代の都3　恒久の都　平安京』、吉川弘文館、二〇一〇年）

桃崎有一郎（ももさき ゆういちろう）

1978年、東京都生まれ。歴史学者。高千穂大学商学部教授。2001年、慶應義塾大学文学部卒業。2007年、慶應義塾大学大学院文学研究科後期博士課程単位取得退学。博士（史学）。古代・中世の礼制度や法制度・政治との関係などを研究している。著書に『平安京はいらなかった』（吉川弘文館）、『武士の起源を解きあかす』、『室町の覇者　足利義満』（共にちくま新書）、『中世京都の空間構造と礼節体系』（思文閣出版）他。

文春新書

1257

「京都《きょうと》」の誕生《たんじょう》
武士《ぶし》が造《つく》った戦乱《せんらん》の都《みやこ》

2020年3月20日　第1刷発行
2020年4月5日　第2刷発行

著　者　桃崎有一郎
発行者　大松芳男
発行所　株式会社 文藝春秋

〒102-8008　東京都千代田区紀尾井町3-23
電話（03）3265-1211（代表）

印刷所　理想社
付物印刷　大日本印刷
製本所　大口製本

定価はカバーに表示してあります。
万一、落丁・乱丁の場合は小社製作部宛お送り下さい。
送料小社負担でお取替え致します。

ISBN978-4-16-661257-4